心理咨询与治疗100个关键点译丛

100 KEY POINTS

Existential Therapy:
100 Key Points and Techniques

U0431063

存在主义治疗
100个关键点与技巧

（英）苏珊·亚克维（Susan Iacovou）
（英）卡伦·维克塞尔·狄克逊（Karen Weixel-Dixon） 著

赵然 于丹妮 王梦瑜 贾茹 译

全国百佳图书出版单位

 化学工业出版社

·北京·

Existential Therapy：100 Key Points and Techniques，1 st edition

By Susan Iacovou and Karen Weixel-Dixon / 9780415644426

Copyright © 2015 by Susan Iacovou and Karen Weixel-Dixon

Authorized translation from English language edition published by Routledge, part of Taylor & Francis Group LLC；All Rights Reserved.

本书原版由 Taylor & Francis 出版集团旗下 Routledge 出版公司出版，并经其授权翻译出版。版权所有，侵权必究。

Chemical Industry Press is authorized to publish and distribute exclusively the Chinese (Simplified Characters) language edition. This edition is authorized for sale throughout Mainland of China. No part of the publication may be reproduced or distributed by any means, or stored in a database or retrieval system, without the prior written permission of the publisher.

本书中文简体翻译版授权由化学工业出版社独家出版并在限在中国大陆地区销售。未经出版者书面许可，不得以任何方式复制或发行本书的任何部分。

Copies of this book sold without a Taylor & Francis sticker on the cover are unauthorized and illegal.

本书封面贴有 Taylor & Francis 公司防伪标签，无标签者不得销售。

北京市版权局著作权合同登记号：01-2018-5804

图书在版编目 (CIP) 数据

存在主义治疗：100 个关键点与技巧 /（英）苏珊·亚克维（Susan Iacovou），（英）卡伦·维克塞尔·狄克逊（Karen Weixel-Dixon）著；赵然等译 .—北京：化学工业出版社，2019.11（2024.10重印）

（心理咨询与治疗 100 个关键点译丛）

书名原文：Existential Therapy：100 Key Points and Techniques

ISBN 978-7-122-35160-9

Ⅰ . ①存… Ⅱ . ①苏… ②卡… ③赵… Ⅲ . ①存在主义 - 通俗读物 Ⅳ . ① B086-49

中国版本图书馆 CIP 数据核字（2019）第 203347 号

责任编辑：赵玉欣　王新辉　　　　　责任校对：张雨彤
装帧设计：尹琳琳

出版发行：化学工业出版社
　　　　　（北京市东城区青年湖南街 13 号　邮政编码 100011）
印　　装：北京盛通数码印刷有限公司
710mm×1000mm　1/16　印张15　字数 199 千字
2024 年 10 月北京第 1 版第 4 次印刷

购书咨询：010-64518888
售后服务：010-64518899
网　　址：http://www.cip.com.cn
凡购买本书，如有缺损质量问题，本社销售中心负责调换。

定　　价：59.80 元　　　　　版权所有　违者必究

内容简介

在理解"作为人类"（being human）的这个挑战上，存在主义治疗算不上是一种取向，却也不只是一种方法，它吸收了丰富又多样的哲学传统与方法来看待这个世界。存在主义习惯性地被认为是难以概述和理解的，而其观点的神秘色彩常被哲学家和实践者所使用的艰涩语言烘托得更加浓烈。《存在主义治疗：100个关键点与技巧》提供给我们全面且容易理解的指导，帮助我们了解迷人又振奋的知识体系和相应的治疗方法。本书涉及话题分为以下五个部分：

- 存在主义的历史与现状
- 存在主义的理论假设
- 存在主义现象学治疗实践
- 伦理与存在主义治疗
- 与其他治疗流派的整合

《存在主义治疗：100个关键点与技巧》对于所有想在咨询中使用存在主义观点的心理咨询师、心理治疗师、心理学者和精神科医生来说，都是必不可少的读物。对于想了解存在主义观点与治疗能如何帮助自己探索人生意义的来访者和潜在来访者，本书也有较大参考价值。

作者简介

苏珊·亚克维（Susan Iacovou）是一位存在主义心理治疗师，在德比线上大学（University of Derby Online）从事在线教育工作，同时在柴郡开办私人诊所。她负责一系列心理学和心理治疗领域的大学课程，并且为全球 100 多个组织开发了备受赞誉的教材。她出版成果颇丰，这是她的第四本著作。

卡伦·维克塞尔·狄克逊（Karen Weixel-Dixon）是一位心理治疗师、督导师、私人执业认证调解员和伦敦摄政大学的客座讲师。她是再解决合作企业（Re-Solution partnership）的联合主管，曾出版多部学术著作。

推荐序

《心理咨询与治疗 100 个关键点译丛》行将付梓，这是件可喜可贺的事情。出版社请我为这套译丛写个序，我在犹豫了片刻后欣然应允了。犹豫的原因是我虽然从事心理学的教学和研究工作多年，但对于心理咨询和治疗领域却不曾深入研究和探讨；欣然应允的原因是对于这样一套重头译丛的出版做些祝贺与宣传，实在是件令人愉快的、锦上添花的美差。

鉴于我的研究领域主要聚焦于社会心理学领域，我尽量在更高的"解释水平"上来评论这套译丛。大致浏览这套丛书，即可发现其鲜明的特点和优点。

首先，选题经典，入门必备。这套书的选题内容涵盖了各种经典的心理治疗流派，如理性情绪行为疗法、认知行为治疗、焦点解决短程治疗、家庭治疗等这些疗法都是心理咨询师和治疗师必须了解和掌握的内容。这套书为心理咨询和治疗的爱好者、学习者、从业者铺设了寻门而入的正道，描绘了破门而出的前景。

其次，体例新颖，易学易用。这套书并不是板着面孔讲授晦涩的心理治疗理论和疗法，而是把每一种心理治疗理论浓缩为 100 个知识要点和关键技术，每个要点就好似一颗珍珠，阅读一本书就如同撷取一颗颗美丽的珍珠，最后串联成美丽的知识珠串。这种独特的写作体例让阅读不再沉闷乏味，非常适合当前快节奏生活中即时学习的需求。

最后，实践智慧，值得体悟。每本书的作者不仅是心理咨询和治疗的研究者，更是卓越的从业人员，均长期从事心理治疗和督导工作。书中介绍的不仅是理论化的知识，更是作者的实践智慧，这些智慧需要每位读者用心体会和领悟，从而付诸自己的咨询和治疗实践，转化为自己的实践智慧。

一部译著的质量不仅取决于原著的品质，也取决于译者的专业功底和语言能力。丛书译者来自中央财经大学社会与心理学院、北京师范大学心理学部等单位，他们在国内外一流高校受过严格的心理学专业训练，长期从事心理学教学以及心理咨询和治疗实践，具备深厚的专业功底和语言能力；不仅如此，每位译者都秉持"细节决定成败"的严谨治学精神。能力与态度结合在一起，确保了译著的质量。

心理健康服务行业正成为继互联网后的另一个热潮，然而要进入这个行业必须经过长期的专业学习和实践，至少要从阅读经典的治疗理论书籍开始，这套译丛应时而出，是为必要。

这套译丛不仅可以作为心理咨询、心理治疗专题培训或自学的参考书，也适合高校心理学及相关专业本科生、研究生教学之用。这套译丛可以部分满足我校应用心理专业硕士（MAP）教学用书的需要。我"欣欣然"地为这套书作序，是要衷心感谢各位译者为教材建设乃至学科建设做出的重要贡献。

心理疗法名虽为"法"，实则有"道"。法是技术层面，而道是理论和理念层面。每种心理疗法背后都是关于人性的基本假设，有着深刻的哲学底蕴。我很认可赵然教授在她的"译后记"中提到的观点：对一种疗法的哲学基础和基本假设的理解决定了一个咨询师是不是真正地使用了该疗法。因此，无论是学习这些经典的心理疗法，还是研发新的疗法，都必须由道而入，由法而出，兼备道法，力求在道与法之间自由转换而游刃有余。技法的掌握相对容易，而道理的领悟则有赖于经年累月的研习和体悟。我由衷期望阅读这套译丛能成为各位读者认知自我，理解人心与人性，创造完满人生的开端。

辛自强 教授、博导、院长
中央财经大学社会与心理学院

前言
PREFACE

这本书中的内容并非真理，只存在我们自己所以为的真相。作为作者，我们唯一的希望，就是"我们"所认为的真理会对你（即我们的读者）的世界观产生一些影响，继而对与你共同生活、工作和玩乐的个体的生命产生一些影响。生活没有法则，因此治疗尝试的过程也没有法则。你可以借助这本书去质疑你所知道的东西，去探索你想成为的样子，如果这些都失败了，就去推开那扇在微风中不断摇曳的门。

本书的写作目的有三个：第一，介绍一种可实践的存在主义治疗方式；第二，引发来自其他理论背景的治疗师和精神健康专业实践者的思考，存在主义治疗的基本假设如何能够增强他们的专业实践；第三，为任何想要探索自身存在的人提供一个起点。

存在主义心理治疗历史悠久，它来自于几个世纪以来的哲学争论：人类存在究竟意味着什么。很多关于存在主义的书都难免冗长且难以理解，足以反映出存在的复杂性以及不同学者面对这个挑战所作出的迥异的解读。作为本书的作者，我们希望本书能够展现存在主义观点的广度和深度，以及它为心理治疗带来的宝贵的启发；同时，也想要提供可操作的实践路径，以便读者可以将这些理念应用到自己的治疗实践中。为此，很多时候我们不得不忍痛割爱，简化一些核心的哲学概念；有些时候，我们也不得不非常精确地描述这些概念如何转换到治疗实践当中。

本书并非学术论文，也并非各种存在主义心理治疗方法的简单罗列。我们鼓励读者将本书作为了解存在主义治疗哲学背景和实践方法的导论书，作为进一步阅读和探索存在主义的途径。

存在主义治疗并非一种能够解释人类不幸的心理学理论。因此，我们很难按照从起源到结束的逻辑来介绍它。存在主义治疗聚焦于每个个体的独特属性和每个人的境遇，因此它拒斥任何将其观点转化为系统、方法论、工具和技术的尝试。读者需要在没有统领提纲的基础上了解存在主义治疗的内容。我们的期待是，运用每个人自己的知识砖块搭建属于自己的完整的连续体。这也是存在主义治疗师所做的事情——库珀（Cooper，2003）指出，有多少个存在主义治疗师，就有多少种存在主义治疗。

我们尝试将本书的每个部分彼此独立自成体系，然而由于很多核心概念的内在相关性，导致每个部分之间有一些交叉的内容。因此，我们对于重复出现的概念用不同的方式进行说明，以便为读者提供一些新的理解。

总之，存在主义治疗是一种与来访者同在的取向，而不是对（为）来访者做些什么的取向。这种治疗取向的每一次会谈都是由来访者和治疗师共创完成的。它无法简单总结和解释，也拒斥定义和测量。然而，对于想要探寻人类境遇的基本问题的读者，本书提供了一些纯粹的、具有永恒价值的内容。

苏珊·亚克维

卡伦·维克塞尔·狄克逊

目录 CONTENTS

Part 1

第一部分
存在主义的历史与现状

001

1	什么是存在主义	002
2	历史背景与哲学基础	004
3	存在主义治疗取向的基础	006
4	存在主义治疗的现状	008

Part 2

第二部分
存在主义的理论假设

011

5	存在与本质以及自我的概念	012
6	在世存在	014
7	和他人共存于世	016
8	人类存在的共性	018
9	存在者与存在论	020
10	存在先于本质——从虚无中创造自我	022
11	现象学的贡献	024
12	现象学方法	026
13	意向性	028
14	意向对象与意向活动	030
15	关联性与自我的形成	032
16	主体间性	034
17	自由、选择与责任	035
18	被抛性、有限性与有限	037
19	焦虑的中心性、丧失与痛苦	039
20	死亡与虚无	041
21	存在内疚	043
22	本真性与非本真性、自欺与真诚	045
23	无意义宇宙中的意义与荒谬	047
24	时间性与未来导向	049
25	具身化与世界	051

Part 2

第二部分
存在主义的理论
假设

011

26	存在主义视角下的性欲	053
27	意识和潜意识	055
28	绝对真理、不知和未知	057
29	情绪理论	059
30	四个世界：身体、个人、社会、精神	061
31	世界性、世界观、价值观以及沉积的信念	063
32	我、你以及我们所关注的	065
33	反精神病学以及不正常的社会建构	067
34	语言与存在主义	069

Part 3

第三部分
存在主义现象学
治疗实践

073

存在主义治疗关系的基本元素

35	治疗环境	074
36	初次会见	076
37	治疗师的角色	078
38	来访者的角色	080
39	合约与边界设置	081
40	存在主义视角下的评估	083
41	存在主义心理治疗的目标	085
42	治疗接触的核心	087

关键治疗任务

43	探索四个世界	089
44	来访者世界观的映射	092
45	调整情绪	094
46	存在、即刻、我－你态度	096
47	使隐性部分成为显性部分	098
48	选择与改变	100
49	创造或寻找方案、意义和价值	103
50	面对自由和限制	105
51	培养对真实关系中自我的欣赏	106

Part 3

第三部分
存在主义现象学治疗实践

073

52	处理崩溃和危机	108
53	存在与不存在以及存在的勇气	109
54	结束治疗	111

以存在主义的方式对来访者的议题工作

55	探索孤立和孤独	113
56	与不快乐和不安工作	115
57	内疚和羞耻的教训	117
58	理解与处理困境和冲突	119
59	面对悖论、对立面和存在性的冲突	121
60	应对死亡、失去、痛苦以及成长的潜力	123
61	支持重病或绝症来访者	125
62	用梦境和想象向来访者解释在世存在的方式	127
63	应对幻听和幻觉	129
64	面对存在焦虑、神经性焦虑和正常焦虑	131
65	治疗成瘾	133
66	治疗抑郁	136
67	理解与应对精神创伤	138
68	存在主义视角下的自我伤害	141
69	应对自杀与自杀意念	143

存在主义心理治疗的关键能力

70	发展个性化的存在主义心理疗法	145
71	采取存在主义的态度	147
72	解读性解读而非解释	149
73	与来访者同在，为来访者而在	151
74	扮演他者的角色	153
75	保持好奇心，坦率质疑	155
76	拥抱对话观念	157
77	正常化还是诊断：存在主义视角	159
78	在限定时间内实施存在主义治疗	161
79	借用神话、隐喻和哲学	163
80	性、性别和身份的存在主义探索	165
81	跳过去还是跳进去	167
82	智慧与激情生活	169
83	团体存在主义心理治疗	171
84	存在主义关系疗法	173

Part 4

第四部分
伦理与存在主义
疗法

177

85	与谁结盟	178
86	保密、记录及与外部机构的关系	180
87	评估和管理风险	182
88	存在主义疗法的权力问题	184
89	存在主义框架中的自我表露	186
90	存在主义督导技巧	188
91	治疗关系结束后的生活	190

Part 5

第五部分
存在主义治疗流
派及其他流派

193

92	辩证地看待存在主义心理疗法	194
93	对心理治疗领域中占主导地位的科学范式的批判	196
94	存在主义疗法及有效性的研究	198
95	共同的起源、多样化的道路	200
96	英国存在主义治疗学派	202
97	欧洲存在主义治疗学派	204
98	北美存在主义治疗学派	206
99	存在主义和其他治疗取向	208
100	存在主义的普适性	210

参考文献	**212**
专业名词英中文对照表	**219**
译后记	**221**

100 KEY POINTS

存在主义治疗：100 个关键点与技巧

**Existential Therapy:
100 Key Points & Techniques**

Part 1

第一部分

存在主义的
历史与现状

100 KEY POINTS
Existential Therapy:
100 Key Points & Techniques

这一部分简单介绍了存在主义与存在主义治疗，重点强调存在主义在现代生活中扮演的中心角色。

1

什么是存在主义

很多人听说过"存在主义"这个名词，有些人或许对它代表什么有一些模糊的理解。它或许会让人联想起法国咖啡馆里吞云吐雾的哲学家们，或是悲观主义诗人、剧作家们对于人类意义的忧郁反省。有些人会将它与超道德或绝望联系在一起，或是认为这是学术界的内容，与日常生活无关。其实，存在主义思想家对哲学、艺术、文学、科学和其他很多领域的贡献不可小觑，并且存在主义也为探索人类伟大思想者们的集体智慧提供了道路。

也许存在主义避免共识的原因之一是它对于简明定义的拒斥。对这一点有很多原因。首先，存在主义并非一套统一的、自成体系的知识——事实上，任何一个看似存在主义核心信念的观点，都有一个同样强有力的相反观点与之针锋相对。例如关于信仰的主题，考夫曼和尼采（Kaufman & Nietzsche, 1974）声明，上帝已死。而蒂利克（Tillich, 2000）则劝告我们要有信仰，并转向永恒。其次，在不同的时间点，对存在主义的定义有自相矛盾之处，我们经常把存在主义称为"20 世纪文化运动"或"起源于 19 世纪中期，在 20 世纪才成熟的文化运动"，因为没有尼采（1844–1900）和克尔凯郭尔（Kierkegaard, 1813—1855），难以想象存在主义会是什么样子。的确，存在的主题可以在亚里士多德和柏拉图的著作、《旧约》（*old*

第一部分　存在主义的历史与现状

Testament）、《吉尔伽美什史诗》（*The Epic of Gilgamesh*）（Jastrow & Clay, 2010）以及佛教思想中找到踪影。最后，更令人迷惑的是，很多被当代看作是存在主义者的哲学家和作家，例如加缪（Camus）和海德格尔（Heidegger）在世的时候都拒绝被定义为存在主义者。

一些关于存在主义的定义聚焦于它不是什么，或它反对什么。很多人将它看作是与传统哲学思想和启蒙运动宣扬的理性主义 [如笛卡尔（Descartes）和斯宾诺莎（Spinoza）的著作] 相反的哲学观 [事实上，克罗韦尔（Crowell, 2010）认为，存在主义是一种宏观的取向，它排斥其他的系统哲学，也不是自己成为一个系统]。另一些人将其看作是对专制社会价值观和制度的反抗（例如有组织的宗教以及它们对人的思维和行为的控制）。然而，这些消极的定义并不能告诉我们存在主义究竟是什么，就好像告诉我们朋克音乐"不是摇滚""不是爵士"，并不能让我们理解《天佑女王》（*God Save the Queen*）这首歌听起来是什么样子。

我们可以领悟一些这个领域的部分核心思想，了解存在主义哲学家，建立一个关于存在主义的宽泛的工作定义，以此作为本书的基础。

从根本上讲，存在主义关心的问题是：作为人类，存在究竟意味着什么。这是对于我们的体验、我们的世界、我们的关系和"自我"的哲学思考。它并不否认自然科学的准确性，然而它认为，我们不可能仅仅通过自然科学理解人类。理解人类的存在只能通过详细检验我们对于存在（to be）的体验（Heidegger, 1978），以及人类所面对的普遍问题的理解，包括自由、责任、意义、孤独、死亡和焦虑等。它关涉生活和它所带来的挑战；它关涉我们作为个体和存在与他人的关系；它关涉我们如何规划从出生到死亡所经过的路线；它关涉一切我们所是和一切可能。简而言之，存在主义是关于作为人的存在。就像本书所示，存在主义心理治疗，是关于探索每个来访者在其复杂环境中作为人的体验。

2

历史背景与哲学基础

存在主义治疗源于哲学，它产生于人类试图去理解生活和克服逆境的过程之中（Deurzen，2007）。这些哲学思想包括古希腊的智慧、佛教和道教等东方哲学的信念，以及一些哲学家、作家、艺术家和神学家的作品。然而，对存在主义治疗的发展影响最大的是这样两股思潮——存在主义哲学以及现象学（Phenomenology）哲学（它寻求确认我们是如何体验这个世界的）。

存在主义哲学

丹麦哲学家克尔凯郭尔被誉为"存在主义之父"，尽管他从未使用过"存在主义"这个词，他和尼采可以说是存在主义的先驱。克尔凯郭尔是最早将研究工作聚焦在忧惧、绝望、爱和人类"存在"的普遍矛盾上的哲学家之一。尼采则认为个体本身很重要，他攻击和反对传统的道德和权力体系，鼓励人们在生活中投入激情。

法国哲学家加布里埃尔·马塞尔（Gabriel Marcel，1949）被认为是第一个把"存在主义"这个词用来描述一种特定的哲学方法的人。这个词后来被琼·保罗·萨特（Jean-Paul Sartre）采纳，并用于他的文学和哲学著作中，以及与他的长期伴侣西蒙娜·德·波伏娃（Simone de Beauvoir）和同伴法国哲学家莫里斯·梅洛·庞蒂（Maurice Merleau-Ponty）、阿尔贝·加缪的相处中。后来，德国哲学家雅斯贝斯（Jaspers）、海德格尔和布伯（Buber）以及罗马尼亚的洛斯库（Ionescu）和美国的蒂利克和罗洛·梅（Rollo May）的作品被纳入了这一旗帜下。这些（和其他）

哲学家和作家的著作使得存在主义哲学在 20 世纪中期的欧洲繁荣发展。在经历了两次世界大战的人们的脑海里，这是一种强调个性、自由和责任的哲学，它鼓励人们去反抗企图控制他们的系统（systems of thought that sought to control），以及将人类生存的复杂性简化为一套法律、规则或统计数据的趋势（Cooper，2003）。

现象学

存在主义治疗的另一个来源是现象学。现象学通常被描述为一种面向事实本身的研究，最初是由德国数学家埃德蒙德·胡塞尔（Edmund Hussert，1859—1958）提出的。胡塞尔否认真理只能在客观的自然科学中找到。相反，他认为研究人类经验应该既承认客观也承认主观。他认识到我们是参与世界的观察者——我们不能站在世界之外。因此，当我们谈论某件事的时候，我们禁不住要通过我们的经历来谈论这件事（Adams，2013）。现象学的研究目的是在我们去掉对事物的主观假设和先入为主的界限之后，揭示事物实际上的样子。

存在主义治疗

存在主义和现象学思想影响了很多领域，包括神学 [比如保罗·蒂利克和卡尔·巴特（Karl Barth）]、精神病学 [路德维希·宾斯万格（Ludwig Binswanger）、梅达尔德·博斯（Medard Boss），还有更近代一些的尤尼·莱恩（Ronnie Laing）]、社会学 [比如雅克·德里达（Jacques Derrida）和米歇尔·福柯（Michel Foucault）] 和心理学 [奥托·兰克（Otto Rank）、维克多·弗兰克尔（Victor Frankl）和罗洛·梅]。这本书的重要意义在于，存在主义已经被应用到心理治疗领域。存在主义心理疗法，包括此在分析（Daseinsanalysis）、意义治疗（Logotherapy），以及美国和英国流派的存在主义疗法，每种疗法都将自己特有的思想融合到存在主义哲学和现象学中，提供了基于精神健康主流医疗模式的可靠的替代疗法。正如我们将在本书接下来的章节中所看到的，存在主义治疗不仅不应该被排除在其他类型的治疗之外，反而还可以为来自更多、更广泛流派的实践者提供帮助。

100 KEY POINTS

Existential Therapy:
100 Key Points & Techniques

3

存在主义治疗取向的基础

其他流派的心理治疗大多来自心理学或医学理论，存在主义则不同，它是以哲学为基础的治疗取向。这并不意味着它十分强调理论（事实上，它比很多心理治疗流派更少受理论驱动）。它也不会使用仅存在主义圈内人士可以理解的暗语，而忽略对心理、情感和行为层面的关注，也不会让咨询师和来访者对生命的意义或更高层次的存在进行无休止的哲学争论。存在主义治疗受哲学（主要但并不只是存在主义哲学）的影响，但不仅仅局限于此，它同时受益于这些哲学思维的智慧、洞见以及睿智。

存在主义治疗认为，我们每个人都面临着一些普遍条件（universal conditions），而人与人之间的差异在于，我们选择如何对这些问题做出反应。举例来说，我们最终都要面对自己的死亡——有人选择坦然面对，把握任何机会让自己真实地活在当下，而一些人可能会选择否认自己必将死亡的现实，花大笔的金钱至少保证外表依然年轻。

存在主义治疗关注这方面的独特性——避免将人按照特定的属性分类，例如人格、年龄、性别、教育背景、行为、性取向、政治立场或生活方式等。因此，它也是一种"非病理化"的治疗方式，大多数人的思维、行为和情感都被看作是正常的，"诊断""病理""症状"等词汇以及精神健康医疗模式被认为是没有必要并且可能有害的，它可能会限制我们对他人生活的理解，以及对责任和自由的感知，而这些正是我们面对的挑战。

第一部分　存在主义的历史与现状

存在主义治疗为咨询师和来访者提供了机会去发现来访者选择表达他们的个体性（individuality）的方式。这包括澄清他们的世界观、价值观和信念，以及对世界、遇到的人和事件所选择的态度。对这些立场的阐释，可以让来访者自由地思考这种存在、思维、感受和行为方式是否真的能够帮助他们更好地活出自己的价值，活出意义，活出他们通过选择并使其满足自己和他人的需要而主动参与其中的生活。

存在主义治疗师认为，我们很擅长自我欺骗，我们有能力去合理化、无视或低估那些与我们想要相信的事物相悖的证据的意义，这常会导致我们认为自己很陌生，阻碍我们了解自己的真实情况。因此，我们可能会拒绝看到自己或他人是如何导致了自己的不幸、困难或不满足感，或许是因为我们惧怕那些可能会失去的东西，或是一旦能够擦亮双眼，我们不得不做出改变。

存在主义治疗师将这些策略看作是应对生命和生活的方式，带着好奇接近来访者的每一个故事。邀请来访者描述和检验他们的行为、关系、思维和观点，鼓励他们对没有被选择的思维、行为和存在方式保持开放的心态。

存在主义治疗并非一定会带来巨大的改变（尽管会让很多来访者开始尝试新的深层的存在方式）。来访者可能会决定做出一些甚至很多改变，或者根本不做任何外在的改变。通常，内在情感、态度和观点的改变足以能够让他们处理任何挑战。

尽管存在主义观点与每个人都有关系，存在主义治疗却并非是让每个人都感到愉快的治疗方式（Tantam，2002）。它对来访者要求较高，他们必须准备好与人类存在的困境和矛盾抗争，并最终接纳，对自己做出的选择（以及随之而来的结果）负责，带着勇气和韧性面对荒谬、无意义以及自身存在的局限。

100 KEY POINTS
Existential Therapy:
100 Key Points & Techniques

4

存在主义治疗的现状

在过去的 10 年里，存在主义治疗的流派以及存在主义治疗师的数量都在迅猛增长。就在本书写作之时，首届世界存在主义心理治疗大会也在筹备之中，计划于 2015 年在伦敦召开 [1]。会议召开的地点也反映了长期以来，英国存在主义治疗流派在发展和改进存在主义理论与实践过程中持续扮演的主导角色（Cooper,2012）。历史上，英国治疗师莱恩（Laing）和库珀（Cooper）首次将存在主义哲学的概念引入精神疾病治疗中，他们组织了治疗社群，为患有精神疾病的难民提供帮助而无需借助药物治疗（Laing，1960，1961；Laing & Cooper，1964；Cooper，1967）。心理学家、治疗师埃米·范·德尔森（Emmy van Deurzen），在与莱恩有过短暂合作之后，在伦敦建立了第一个存在主义治疗学院，目前为心理治疗与咨询新学院（NSPC）提供存在主义取向的咨询、心理学和教练课程。德尔森（Deurzen，2009 & 2012；Deurzen & Adams，2010；Deurzen & Iacovou，2013）与同时代的欧内斯托·斯皮内利（Spinelli，2005 & 2006 & 2007）分别在这一领域做了大量工作，最终使得存在主义观念进入了英国心理治疗完整体系。目前，很多培训学校都提供存在主义治疗的课程，还有一些学校也将存在主义治疗纳入了自己的课程体系。存在主义分析协会（Society for Existential Analysis）出版了《存在主义分析》（*Journal of Existential Analysis*）半年刊，越来越多的存在主义治疗研讨会和工作坊吸引了各个流派的治疗师将存在主义观点融入自己的治疗实践中。

---

[1] 译者注：2015 年，首届世界存在主义心理治疗大会在伦敦举办。

第一部分　存在主义的历史与现状

更广泛的领域包括：国际此在分析受马丁·海德格尔（Heidegger，1978）哲学影响的存在主义治疗形式联盟（International Federation for Daseinanalysis）代表了来自世界各地的存在主义治疗师，例如加拿大、希腊、瑞士、奥地利和巴西等。国际存在主义分析协会（International Society for Existential Analysis）含有来自四大洲 19 个国家的会员。在欧洲，有两个占主导地位的存在主义流派——此在分析与意义治疗 [由维克多·弗兰克尔创立的聚焦意义的存在主义治疗（Frankl，2004）]。在美国，存在 – 人本主义治疗受到其首要倡导者——心理治疗师、精神科医生及小说家欧文·亚隆（Yalom，2006 & 2011）的推广而备受关注。存在主义治疗在南美（Toledo，2011）、加拿大（Wong，2013）、澳大利亚（Strasser & Strasser，1997）和俄罗斯（Leontiev，2013）等国家也有了一席之地。

当前，存在主义治疗面临着很多挑战——这一取向受到多元思维流派的影响，采用拒绝系统化的认识论立场，因此，如何解释和教授这一治疗取向成为了相对困难的任务。并且，存在主义的观点与当代生活息息相关，尽管这一看法备受争议，然而当今，人们生活在越来越快节奏的社会中，很多声音鼓励每个人都有权利疯狂地追求幸福和愉悦，并让自己身边充斥着相关的"物"（things）。在这样的环境中，存在主义治疗能够帮助人们处理无意义感和空虚感，并给了他们勇气去面对多元化的社会，使人们能够真实地生活，这些都与他们的价值观相契合，因此也会与人们的生活更加相关。

100 KEY POINTS

存在主义治疗：100 个关键点与技巧

**Existential Therapy:
100 Key Points & Techniques**

Part 2

第二部分

存在主义的
理论假设

100 KEY POINTS

Existential Therapy:
100 Key Points & Techniques

5

存在与本质以及自我的概念 ❶

如果让人对自己进行描述，大多数人会先思考一下，然后很快能够说出一些关于他们是谁、做什么工作、好恶、有几个孩子等。"你是谁？"的问题是可以被理解的，并且这个问题背后的假设是，我们在谈论自己时，会认为自己是始终如一的，或许具有固定不变的人格、外表和习惯。萨特声称，存在先于本质，然而他也指出，前面所述的例子并不等同于此。

萨特认为，我们在成为某人之前就已经存在于世界之中。我们的存在是一种"似动词过程"（verb-like process）（Cooper, 2012: 14），或如梅洛·庞蒂（Merleau-Ponty, 1962）所称的流动（flux）。我们是经验的存在，不间断地与世界互动。只有通过选择、思考或做特定的事情，我们才开始创造一个"自我"。然而我们依然不是一成不变的实体，具有特定的人格、能力和看待世界的方式。相反，我们一直处在一个"形成"（becoming）的过程中。我们所做的每一个选择、采取的每一个行动、与其他人或物的每一个互动，都会以某种方式改变我们的静态性 [斯皮内利（Spinelli, 2007）将其称为体验世界性（worlding）的动态流]。当我们为世界、他人和我们自己赋予意义时，我们会选择增加一个恒久不变的元素，

---

❶ 这一部分内容将介绍支撑存在主义治疗方法的重要理论观点。在阅读这部分的过程中，你将会发现，存在主义理论不需要十分晦涩或令人费解，剥去它偶尔令人望而生畏的学术外衣，它与治疗实践的相关性一览无遗。

第二部分　存在主义的理论假设

然而这只是一个简便的假象，我们不该盲目接受。我们最多可以认为，我们有一个连贯的自我感（sense of self）（Adams，2013），至少在某种程度上保持一致。

萨特的观点令人兴奋之处在于，一旦接受，便开启了改变的可能性——也就是说，它有潜力使我们获得自由，不再受到身份的束缚。来访者可能会说"我是个孤独者／搞笑者／智者／外向者"，或者"我就是这样"，就好像他们是一个特定物，就像桌椅一样，拥有恒久不变的特性。来访者生活中的他人很可能会强化这些观点——"我母亲说我天生害羞""我告诉妻子我以前从不轻易发脾气时，她嘲笑我"。存在主义咨询师会鼓励来访者质疑自己和他人这种物化来访者的倾向。他会邀请他们去探索更加灵活的自我概念，鼓励他们在任何特定的时刻决定自己是谁，并对此负责。

存在主义实践者也会帮助来访者认识到这种自由的局限和缺点。无论是我们自己还是他人，在追求稳定与追求自由之间，一直存在一种张力。尽管我们有可能成为不同身份的人，然而为了生存和交往，我们的确需要一些稳定的因素。如果我们让自己过于固定，就会变得无趣且一切都在意料之中——自我禁锢，无法对环境做出反应。然而，如果我们没有一点自我一致性，我们会感到困惑，我们的情绪、偏好和行为会危险得无法预知。如果我们把他人看作固定不变的个体，我们会很快自满于对他们的身份和需求的认同，因此当他们的需求产生差异时，我们会感到吃惊，甚至恐惧。相反，如果拒绝接受他人特征中持续稳定的部分，我们会发现自己在试图改变他们，这会导致他们感觉不被接纳，或是觉得自己不够好。

6

在世存在

"在世存在"（being-in-the-world）是海德格尔（Heidegger，1978）创造的短语，用来描述人何以为人。它也可以理解为"此在"（Dasein），海德格尔用连字符的形式表达这个意思，意在引发我们重新思考那些被看作理所当然的观念——这里指我们常常将自己与周围世界分离和区分的观念。

"在世存在"这个短语清晰地说明，我们永远是处在世界之中的，被包含在一个由人、观念、物体和彼此联系又彼此独立的事件构成的有意义的情境之中。尽管我们有时追求甚至渴望脱离这个情境，然而这种感觉恰好说明了我们和世界的关系：我们或许会选择独立，然而依然有一个我们想要从中分离开的"存在"。即便是隐士，躲在自己的洞穴中逃避世界，他依然在躲避某些东西。

与世界之间的联系所产生的结果是，我们不可能完全脱离我们所处的情境，客观地进行评判。这对于一些来访者而言是个不容易接受的概念。当面对焦虑或悲伤，或是处于情绪混乱的状态中时，如果客观地审视自己的境遇有助于状况的改善，对他们而言是一种安抚。海德格尔有时使用"栖居"（dwelling）来说明，我们不仅仅是在世界中占据一个特定的物理空间，而是存在于一个熟悉的地点——在这里我们透过自己主观的价值、观念和经验的视角来为世界赋予意义。波尔特（Polt，1999）提出"间性"（amid）一词来描述我们总是处在意义和目的之中。

"在世存在"的概念对心理治疗而言有重要含义，它提醒我们永远不要孤立地理解生命，忘记周边的世界以及我们与世界连接的方式。存在主义治疗师与来访者

第二部分 存在主义的理论假设

一起检验并温和地质疑他们参与世界的方式，以及他们所处环境的细节。来访者被鼓励明确承认他们以何种方式与构成他们所在世界的人、地点、观念、文化和物体互动。换句话说，存在于"日常状态"（everydayness）之中，将所遇到的事情的意义（或意义缺失）视为理所当然。毕竟，我们所遇到的所有事情都有某种意义：我们"操心"（care）世界中的元素（Heidegger，1962）。尽管我们会将世界中的某些方面看作是无关紧要的，但我们仍然需要先对那些方面进行评估才能认定它没那么重要。存在主义治疗提供了机会来明确检验这些评估以及它们所表明的我们看待世界的方式。例如，如果一个来访者曾有过被母亲虐待的经历，他会透过这段经历的视角来看待其伴侣的行为，并把关系中的某些体验看作是"正常的"，很难看到它所产生的影响。通过另一个视角探索其对关系的影响，或许会带来一系列其他可能的解释和行动。

7

和他人共存于世

在世存在的一个推论是和他人共存于世（being-in-the-world-with-others）（Heidegger，1978）。尽管这又是一个海德格尔自创的短语，但它所代表的观念受到了存在主义哲学家广泛的争论（Husserl，1931），它也被描述为"主体间性"（inter-subjectivity）或"关联性"（relatedness）。

无论使用什么术语，"和他人共存于世"背后的概念都简单明了：关系是人类存在的特性和本质，我们无法逃脱——任何孤立或完全分离的尝试都注定要失败。一个躲在家里的来访者，即使拒绝朋友和家人进门，排斥任何接触，但他依然与这些个体有联系。无论他多么努力地说服自己，他都无法逃脱对方会接收和解读他传递的信息，并对此进行回应这一事实。

萨特（Satre，1944）的戏剧《禁闭》（*No Exit*）中的名言"他人就是地狱"，描述了人类存在与生俱来的关联性。即便是一些对关联性持乐观态度的存在主义哲学家（例如布伯）也承认，我们彼此之间持续的相互影响既有益处，也会带来耗竭。

对于认为自己很难与他人产生联系，或是对他人感到恐惧甚至厌恶的来访者，纠结于自己与他人的关系对幸福产生的影响，存在主义治疗师可以邀请他们探索自己对于关联性的假设。他们如何描述自己与他人产生关联的方式？他们如何体验他人与自己产生关联的方式？与他人共同生活在这个世界的体验对他们而言是否是一件容易的事情？通常，这样的提问会引导来访者认为，与他人共在是一件有好有坏的事情。

第二部分 存在主义的理论假设

海德格尔（Heidegger，1978）将我们"操心"（care）他人（而非他物）的方式称为"操持"（solicitude）。需要记得，我们的来访者无法摆脱这种"操持"，人类所有的遭遇都需要我们的关注，并以某种方式对我们产生影响。所以，前面提到的来访者，当家人、朋友选择让他自己独自一人或是继续和他保持联系，他可能会感到开心或是恐惧，或是任何其他的情绪反应，但他无法做到无视他们的行为。总之，他会以某种方式对此"操心"。

8

人类存在的共性

人类存在的共性是一种状态，它关乎每一个人的生活，不因文化以及时代而改变。我们把它称为"既定事实"（givens），或者是"存在的"（existentials）（Cohn，2002）。

哲学家和实践者将他们的研究集中在不同的存在性共性上，所以很难建立一个确定的清单。尽管如此，几乎所有持存在主义观点的人都同意以下这些既定事实：自由、时间性（temporality）、事实性（facticity）[也被称为"被抛性"（throwness）]（Heidegger，1972）（很多事情已经超出了我们选择的能力，比如我们出生的地方、经历痛苦和死亡等），以及选择、死亡、不确定性、孤立和亲缘、有意义和无意义、内疚和焦虑。我们还可以将具身化、性欲、在世存在、与他人共在和空间性（spatiality）纳入这个清单中。

其中，每一个存在既定中都包含着其他方面，我们很难孤立地谈论某一个方面。比如，如果想要研究"死亡"[受欧文·亚隆（Irvin Yalom，1980）影响的一些存在主义实践者，将死亡看作具有重大意义]，我们就不能回避"出生"的事实，以及我们如何无法控制任何事件的发生。当一个来访者与我们讨论一个艰难的选择时，我们可能会发现，他对于是否能得到特定结果存在不确定性，他的选择能力因此而受到束缚，从而引发焦虑。

这些关于人类存在的维度不可避免，它们总是影响着每一个人。尽管可能在某一特定时间，来访者对其中某一个维度的关注似乎处于"前景"（foreground），

第二部分 存在主义的理论假设

或者说是他们当下关注的主要方面，但实际上，所有其他的维度都一直存在于来访者的生活之中。

因此，关于存在主义的这些议题，对于存在主义治疗师最有价值的地方在于，尽管这些是不可避免的，但我们如何面对这些问题，却是可以选择的。比如，在日常层面，一个人如何回应死亡（或许通过锻炼、健康饮食和防晒）可能与另一个来访者有很大不同（信奉"人生苦短"的座右铭，或者通过宗教的方式寻求永生）。

存在主义治疗师不会对上述选择强加一个价值判断。相反，他们提供了一个空间，来访者可以探索他们对这些不同存在既定的反应，从而能够更全面地去考虑其他观点。比如一位情绪焦虑的来访者希望治疗师能够将他治愈，不再焦虑，作为治疗师，全方位地去考虑各种应对焦虑的方式对来访者将有所助益，比如接纳、寻找缓解症状的药物等。只有通过探索这些方案，来访者才会负责任地回应生命中每一个既定事实。

100 KEY POINTS
Existential Therapy:
100 Key Points & Techniques

9

存在者与存在论

传统的哲学家倾向于关注自己如何寻找事物的真理。然而，存在主义哲学家将事物或实体（存在者）与对事物的观念或理论（存在论）做了重要区分。存在者（ontic）指那些可被某种程度观察和测量的实体。存在论（ontological）是关于存在的意义，即某事物的理论或经验。举例来说，医生通过心理学方式测量患者的焦虑水平，他所关注的是存在者，而存在主义哲学家则通过存在论的探寻来寻求理解这个感到焦虑的人。

作为人类，我们既是存在者（我们是一个存在的实体），也是存在论的（我们能够质疑我们的存在，并思考其他可能性）。我们是唯一能够做到这一点的存在——我们可以安全地假设，狗不会思考生命的意义，也不会在夜里醒来思考自己的死亡。

人类存在的共性，例如死亡和孤立，都被归为"存在论"的部分。存在论层面的维度是我们所共有的，也就是我们都一致的部分。而"存在者"的维度，则是由我们对本体论元素的特定反应和参与方式决定的。每一个存在论维度都有与其对应的存在者，也就是一个反应，而每一个存在者元素也指向一个存在论的方面。

人类存在的独特性体现在我们如何遇见或参与到任何生活的既定事实中。例如，时间性（temporality）是生活的一个元素，我们作为个体与时间的关系，以及关于时间的假设，都是存在者对于"时间性"的存在论维度的表达。

相反，我们可以发现，存在论的各个方面都暗含在我们的任何选择、行为或假设之中。例如，一个喜欢拖延的人，或许会尝试逃避或拒绝承认死亡和暂时性的存

第二部分 存在主义的理论假设

在论假设，表现为仿佛他们有无限的时间来完成他们要做的事情。

存在主义咨询师会帮助来访者探索其对存在论既定事实的存在者回应。例如，当一个来访者抱怨"我没有足够的时间来完成所有的事情"，我们不会从教给他时间管理技术入手。相反，治疗师会邀请他检视面对时间有限的事实他会作何反应，以及这些反应对他而言是否有帮助。

100 KEY POINTS
Existential Therapy:
100 Key Points & Techniques

10

存在先于本质——从虚无中创造自我

事物的本质是由让它是其所是的被预先定义的典型特征所构成的。举例来说，桌子的本质是有桌腿和一个平面，人们会把东西放在上面（你也许还会想到其他的"本质"特性）。然而，每个桌子个体的存在，或许会与这个本质有所不同。它可能会有一条、两条或是多条桌腿，也有可能桌腿断掉，或是有一个弯曲的桌面。它可以用来吃东西、工作，或是放东西。它可能由木头或塑料或其他任何材料制成。

当萨特提出"存在先于本质"这个术语时，他意图提醒我们，桌子有无数种存在的方式，并没有一个预先决定的模式和完美的特性，也没有一个"人类存在的本质"是我们需要去与之相符的。

"存在"（existence）一词来自拉丁语"existere"，意思是"站出来"或"显现"（Macquarrie，1972）。在词源的意义上讲，这个词暗含了一种动态、转换和行动，而不是静态或固定。我们可以说，人类存在从虚无中显现，区别于其他任何事物和存在，通过询问诸如"我如何生活？"和"我该如何选择？"这样的问题而持续地显现。这类问题表明了人类存在的独特性：我们不仅仅具有可能性，我们就是可能性的存在。也就是说，我们区别于石头，或是其他生物。其他生物不会对可能性表达感恩。

对存在主义者而言，人类不是一个可以清晰定义的物体，不具有总体的、定论的或完美的本质。不存在一个可以定义我们的"人类本性"。因此，我们彼此理解的方式不应该通过简单的分类方法进行，即将人按照人格类型、智力水平、

第二部分 存在主义的理论假设

医学症状或星座等进行归类。在治疗场景中，这些分类的方法隐藏了每个个体的独特性，促使双方接受对于来访者预先的假设，从而限制了个体对自己改变的自由意志的觉察。

无论我们是摩羯座，还是在内向性上分值较高，还是门萨国际的成员，这些都无法决定我们是谁。相反，由于我们和他人不同的价值观，采取与他人不同的行动，使我们成为了自己；即使这样，我们也可以否定（Blackham，1952/1978：3）、回应或修改我们选择的本质。

当来访者尝试为自己寻找归类时——"我是抑郁的人""我和我父亲具有一样的人格特质"——存在主义治疗师会好奇他们如何以及为何选择了这些特质来作为自己"本质"的一部分，以及这些选择对这个个体而言暗示着什么。普遍而言，他们会鼓励来访者探索将自己看作固定的、不可变的、物化的存在可能给他们带来什么样的影响。

100 KEY POINTS
Existential Therapy:
100 Key Points & Techniques

11

现象学的贡献

现象学作为一种哲学运动已有数千年的历史，尽管它一直以不同的形态呈现。到了 20 世纪初，通过胡塞尔、海德格尔、梅洛·庞蒂和萨特的发展，使其对越来越多的人产生了广泛的影响。胡塞尔将它看作是对科学中心哲学立场的反驳，尤其是对人类存在只应该由测试、量化和假设检验的形式来测量的理论假设进行反驳。他尝试找到一种方法来探究事物是如何被经历的，以此来揭示它们的本性，从而脱离假设和预设。他意在通过应用现象学方法来"回到事物本身"（return to the thing itself）（Husserl, 1936：34），希望这种方法最终可以成为所有科学探究的基础。

胡塞尔的超验现象学（transcendental form of phenomenology）受到了海德格尔的批判，他认为，我们的经验、观念、价值观和知觉，都是由我们与沉浸其中的世界的互动形成的，这使得客观现实永远不可知。当代现象学学者认同，现实总是被主观解释的——正如斯皮内利（Spinelli, 1989）所指出的，我们生活在一个解释的世界中。因此，我们只能期待通过现象学研究，获得一种更好的、更明确的知识和对事物的理解。

当今的现象学学者寻求捕捉生活体验（lived experience）——基于个体知识和主体性（subjectivity）的范式，以及个体视角和解释的重要性。其关注的焦点在于我们的个人或共同的意义，区别于科学所探究的客观物理世界。这样做的目的是澄清那些被看作理所当然的人类境遇和事件，这些虽然我们在日常生活中体验着，但却常常没有去注意、评估和质疑（Seamon, 2000）。举例来说，与其给哀伤进

第二部分　存在主义的理论假设

行阶段划分，现象学学者更倾向于通过那些沉浸于哀伤的眼睛来理解哀伤的体验。

现象学为存在主义治疗师提供了一种有力的手段，通过"切断理所当然的假设和传统的智慧"（Lester，1999：1），来理解来访者的主观体验和潜在的动机与行为。邀请来访者描述他们与世界的相遇，让他们的体验有机会发声，并且被人见证。这个过程通常能够揭示出迄今尚未被知晓的意义层次，生成令人惊奇的洞见以及新的理解水平。作为一种方法，现象学为来访者提供了潜能，去自行为他们的体验赋予意义，最终，可以在自由的选择下转化这些体验。

100 KEY POINTS
Existential Therapy:
100 Key Points & Techniques

12

现象学方法

现象学方法是一种研究方法，可以帮助我们澄清我们做出的解释，让我们获得一个对于事物更清晰的、较少扭曲的描述。应用到治疗场景中，则是鼓励来访者明确自己对世界的某些方面进行意义归因的多种方式。

存在主义治疗中的现象学方法主要由三个方面构成。

悬置原则

悬置（epoché），来自希腊语，是斯多葛哲学学派的一个基本术语，表示"信仰的搁置"（suspension of belief）（Cohn，1997：32）。心理治疗师要遵循这个原则，但需要将他们的偏见和假设"加括号"（bracket），重视来访者所带到咨询室中的一切。如果我们在正式见来访者之前和他们交谈过，或是收到了转介方对他的记录，或者是通过邮件进行过简单的沟通，这些都会让我们开始对来访者以及他们所面对的问题的起因和性质有了自己的假设。存在主义咨询师寻求对他们所感知到的事情进行更灵活的理解和评估，尝试把自己的假设至少暂时放在一边，以便能够更开放地面对他们的故事和意料之外的表现。

描述原则

在这样的原则下，我们需要谨慎地检验事物，去描述（description）而不是解释。我们对经验的探寻通常以解释告终：我们允许自己止步于终极定论和分析。存在主义实践者会邀请来访者描述他们的即时体验，通过不断增加的细节描述，逐渐排除假定的解释。

如果来访者可以对他们的体验保持一个更大度的立场——对他们"即刻的、具体的印象"（Spinelli, 1989：18）进行忠实的描述——他们便能够更多地意识到经验的可变性以及他们对此进行的意义和价值归因，也能够意识到对这些经验可以赋予的其他意义。

水平化（horizontalisation）原则

鼓励来访者看到并描述他们的故事，要先于任何评判，因为前者更重要。治疗师要避免给来访者描述中的任何元素的重要性进行排列，而是要平等对待来访者讲述中的任何价值层面的内容，不去参考任何预先的理论假设。同样，我们期待这样的方法能够允许来访者对自己的经验发展出更广泛的理解。

最后，现象学范式区分了两种经验：一种被称作"直接"经验，即事情发生时的体验；另一种被称作"反思"经验（Spinelli, 2005），即体验或感知过后对其所进行的解释。反思经验是意义设定的一部分：在这个时候，我们对直接经验的某些方面赋予价值，从而将其他方面放在无关紧要的位置。这是由于直接经验无法被完整地描述，生活现实不可能被完整地重新建构。正如胡塞尔（Husserl, 2001：168）所说：

这三种技术都属于现象学还原——脱离意识与物质二元对立的观点（我们自然的态度即是如此）——让我们获得世界是其所是的洞见，并回到事物本身。

13

意向性

正如前文所指出，客体和实体是人类行为的方式，它并非存在于我们做事情的方式中。每一个人都是独特的存在，通过对周边事物的意识卷入其中，并对其赋予意义——我们是意义建构的存在。

布伦塔诺（Brentano）检验了这一现象，并提出意识朝向世界之中的客体性和实体性而"拓展"其自身：它(我们)带着为其赋予意义的目的触及我们所遇到的现象。这个过程被称作"意向性"（intentionality），它的意思并不是带着目标做事情（或称意图），而是指我们对世界中的人和物体形成表达的心智能力。

胡塞尔使用了意向性概念来解释我们如何建构现实。这种对真实世界的现象的"触碰"被看作是"真实世界与我们的意识经验之间存在的恒定的关系"（Spinelli, 2005）。因此，将意识与世界分开的想法是虚幻的（Cohn, 1997）。世界上有其他的存在和事物，然而意向性行为让它们有了意义：可以说，意义通过参与人类的意义建构而涌现。

存在的一个既定特征是不确定性（uncertainty）：我们需要通过为事物赋予意义来缓解由不确定性引发的焦虑感；这是一种企图理解事物的尝试，用打破未知的不确定性边界的方式去"知道"它们。未知，不理解我们周围的事物，意味着我们总会重新与它们相遇，必须要再度鉴别它们，同时不确定它们是否代表着某种威胁。经历过创伤体验的人通常发现自己对某些曾经视为理所当然的事情产生质疑。例如，从坠机事件中死里逃生的来访者可能会突然发现自己担心微波炉会爆炸，或者担心

第二部分　存在主义的理论假设

树会倒下砸在自己头上。先前被看作理所当然的对外在对象的看法会被重新检验。

与之相反，我们能够给客体（或者一个人）赋予的最确定的意义就是它的"物性"（thing-ness）。通过意向性的特征，我们将周围多变的、混沌的现象转译为此物（things）；于是我们可以确保，这些物是稳定的、牢固的、可预测的。然而，通常，来访者沉浸于自己对事物的理解中，满足于自己对事物的完整的、终极的"知"。例如，他们可能会说"我知道他绝对不会改变的，他太顽固了"，或者"我总是看不懂外国电影想表达什么，它们太无聊了"。

存在主义治疗师的工作是帮助来访者意识到，他们不能够纯粹地、静态地理解任何现象，并非所有发生的事情都可以用自己认知框架中的数据进行解读。我们以具有高度创造性的方式，为现象赋予意义，并在此基础上，我们创造了事物的本质。然而这个本质是可以改变的。有时候，让来访者对新的事实保持开放是有所裨益的，让他们有意愿去重新建构对某个实体的意义。另一些时候，来访者需要通过建立更加牢固的事物本质来获得支持，以此来降低高度不确定性所带来的焦虑感。

14

意向对象与意向活动

简而言之，意向对象（noema）和意向活动（noesis）是意向性解释行为的"什么"和"如何"两个方面。每一个"什么"都对应一个"如何"（对意义的评估）。每一个认知或觉察，都有一个"对象"（或"客体"）。我们的体验，是关于"某物"的体验，我们以"某种方式"体验它，赋予它某种意义。

这个观点在理论上很好区分，然而，在我们体验的真实情境中，二者是同时发生的，除非进行有意识的反思，否则我们很难将其完全分开。

我们赋予任何体验的意义、价值或重要性，在某种程度上是社会和文化的共识。例如，大多数人都能够识别我们称作"帽子"的物体；然而，某个特定的帽子可能对于某个人来说，具有特殊的意义或价值。

此外，我们每个人看待世界的视角也有差异，因此，原始材料或现象，对某些人可见，对另一些人则不可见。例如，我们可能都看到了同一顶帽子，但却不能完全从他人的视角，像他人那样去看到它。即便我站在他人的立场去观看，也会有无数的变量，比如身体条件的局限（包括视力或身高的差异）、心理状态的变化（包括情绪和注意力水平）等，这些都会阻碍我们完全复制他人对帽子的体验。

因此，尽管我们可以彼此共享视野，我们对所见之物的解释有时会和其他人不谋而合，然而，每个个体的视角都是独特的。这为存在主义治疗师提供了两个非常重要的暗示。第一，这可以让他们理解，为何与他人交流是一件非常困难的事情，帮助来访者理解他们体验的独特性是存在主义治疗的一个关键元素。第二，它会提

第二部分　存在主义的理论假设

醒治疗师，永远不要假设自己对来访者所说内容的理解是完全正确的。来访者所说的哪怕是最显而易见、直截了当的内容，都需要治疗师带着好奇去倾听。比如说，来访者给自己的婚姻打了 90 分，治疗师可能会假设这个婚姻状况非常不错，但来访者可能会认为，这个分数表明他们的婚姻存在很大的问题需要解决。如果治疗师不去质疑自己的假设，可能会产生非常严重的误解。

15

关联性与自我的形成

我们与世界的关联很大意义上影响了我们的自我概念：自我与世界是紧密相连的，因此我们的自我概念也与周围世界密不可分。

我们来思考一下"自我概念"（self-concept）和"自我建构"（self-construct）这两个词汇。对于存在主义者而言，这些表达恰好体现出，我们对自我的观点是一种创造或虚构。

现象学的观点认为，我们看待任何事情，都带有一定程度的解释活动，当然也包括我们对"我"（I）的体验。并且这种解释活动随时都在发生——我们不会提出一个我们坚持的解释，无论之后有了什么其他的体验。同样，我们对于自己是谁（自我概念）的解释，也不是一成不变的。人并非科学意义上的确定的实体，而是永远处在不断形成、显现和涌现的过程中 [正如库珀（Cooper, 2003）所指出的，我们是正在发生（准动词，happenings）的，而不是既定的物（things）]。

因此，人是如何生成和涌现的呢？"我"如何从无到有？答案在他人之中。我们是关系性的存在：我们处在与他人关联的世界中，我们与世界和他人的互动，给予了我们"自我"的形式。我们从这些元素之中显现出来，并让自己区别于其他人和物。用现象学的话说，我们将"我"和"非我"进行对比，通过这些觉察，我们形成了一个关于"我"是谁的有意义的概念（Spinelli, 1989）。

我们也是人类主体：我们和其他人的相似性比物体更多。这个特性是我们的自我性（self-hood）的关键方面，因为其他人会影响我们和对自己的定义，而物体不具备这个特点。

萨特讲了一个人通过钥匙孔窥视的故事，当他回过头，发现自己也在被他人偷窥时，他认识到自己也在被"看着"自己的人评判。

正是这样的场景让我们意识到，他人具有定义我们的权利：不是全部，也不是终极定义，但必定是某些情境下的定义。他人当然也会改变对我们的看法，变得更好或更糟，因此我们会觉得自己是易变的、不稳定的。我们以一种"关系中自我"的方式存在（Spinelli，1994）。因此，每一个与他者的相遇，我们的自我建构都会受到强化或挑战；这样的体验可以被认为是一种干扰的过程，也可以被看作是一种创造的动力。

我们每个人都怀有以某种方式被体验的愿望，例如，我可能希望被看作是善良的或有智慧的；但这些品质必须要从他人、从世界之中获得证据，来证明它的有效性。我也许会企图声明自己具备某种特性，然而如果它被他人否认，我可能会怀疑我的自我评估。我们常常难以接受他人以这样的方式定义我们，一些来访者会尝试控制别人对自己的看法，例如，过分关注自己的言行、穿着以及在他人面前的表现等。还有的来访者会特别纠结于他人对自己错误的、不公正的看法，为自己无法改变"他人"的看法而感到非常苦恼。存在主义治疗师会帮助这类来访者理解这些评判的普遍性，鼓励他们去思考，他们需要多大程度上将这些评判纳入自己的自我概念之中。

16

主体间性

我们会从他人那里看到他们认为我们是什么样子，同样，我们也在建构自己对他人的看法，并通过我们的语言或行动将这些信息传递给他们。我们对他人的看法并不代表"真理"或"现实"，而是表现了我们是谁，以及我们的经历、价值观和信念。

我们看到的不是事物本来的样子，我们是谁，决定了我们看到的是什么。

这一论断与存在主义现象学观点一致。我们感受他人的方式和感受客体的方式是一样的，即"是什么"（或"是谁"）和"怎么样"。个体体验它们的方式受到各种变量的影响：文化、社会、政治、个人、心理等。例如，在女性被视为家庭主妇的文化中长大的来访者，很可能会认为雇佣保姆的职业母亲是坏母亲。通过存在主义疗法，这个来访者可以探索这样一个事实：母亲是好是坏只是一种印象，也可以用其他的方式来看待个体，这对来访者可能更有好处，也可能没有。

意识到自我和他人的构念不是固定的或永久的，会引起极大的焦虑：他人最终无法量化或得知，且可能因此给自己或他人带来未知的风险。

主体间性表明，因为我们总是与他人共处于世界中（the-world-with-others），因为我们总是在进行意识加工，我们的自我和其他建构本就不是固定的。然而，我们可能固执地坚持自己的解释以使它们永久化，这样我们可以依赖别人、依赖世界，并以可被预测的方式采取行动。

17

自由、选择与责任

在开始探讨自由概念之前，或许需要先回顾一下，人类存在并不是自由的：我们无法避免或成功逃脱存在既定——我们的自由总是境遇中的自由。我们的自由并不能延伸到所有的选择：我们的选择受到自身的存在境遇的限制，并且这个限制对于每个个体而言都具有特殊性（他们自身的"被抛性"）。比如身高一米六，让我没有办法自由选择成为奥林匹克运动会的跳高冠军。

我们没有办法控制很多我们所遭遇的环境，认识到这一点极为重要，并且我们也不总是能够知道我们可以干预哪些环境以及以何种程度干预。我们的自由是在对生活中遇到的事情采取立场的过程中体现出来的，甚至是从我们对环境可能的作用（无论是好是坏）的困惑中体现出来。存在主义治疗为来访者提供了一个空间，允许他们检验这种自由，并识别出他们可以有更多选择的环境。例如，来访者认为"我没办法控制自己不去和伴侣吵架"，或是坚信如果把门前小路上所有的裂缝都踩一遍，就会让孩子免遭噩运，可以详细地检验他们自由选择的边界。

我们总是在做选择，我们唯一不能选择的就是不做选择（这本身也是一个选择）。萨特认为，"我们注定要自由"（We are condemned to be free）（Satre, 1948/1973：34），恰好说明了这一点。我们拥有选择自由的现实，让我们必须行使自由的权利，并做出选择，激发了焦虑感——我们纠结于找到满足感、理性或道德准则，或其他准则，来指引我们做出"正确的"选择。通过选择，我们意识到丧失：如果我们做出了错误的选择，我们会面对丧失；如果有多个选项，我们只能选择一个，而牺牲其他的选项，哪怕只是暂时的。

100 KEY POINTS
Existential Therapy:
100 Key Points & Techniques

自由和选择带来的焦虑感，与责任相关联。人类是关系性的存在，我们的行为（我们的选择）会对他人以及我们的世界产生影响；我们永远都有责任，并且我们的选择会带来一系列的后果，有时会超出在做出选择时能够理解的范围。正是自由和责任之间的这种联系，使得维克多·弗兰克尔（Victor Frankl，2004）指出：

我建议，在西海岸增加一个责任女神像，作为东海岸自由女神像的补充。

在责任中，我们感觉非常孤独：我们会认识到，即便是我（I）做出选择，承担后果的却是我们（We）。也是出于这个原因，我们试图将选择的责任交予外部的资源，例如我们的文化、养育和命运。

第二部分　存在主义的理论假设

18

被抛性、有限性与有限

"被抛性"（throwness）（Heidegger，1962）指的是人类存在不可选择的境遇：出生、死亡、痛苦、焦虑，以及其他的普遍条件，同时还包括我们特定的环境、我们的文化、我们独特的身体条件、我们的家庭等。重要的是我们需要知道，这些方面不仅仅无法选择，也无法控制。例如，我们不知道什么时候会遭受痛苦，无法精确预测我们死亡的确切时间和地点（即便是自杀也是如此），我们也无法改变已经发生的事情。我们可以选择的是如何回应这些元素，也就是选择立场或态度来面对我们唯一的选择，但它并未改变不可选择的事实。雅斯贝斯（Jaspers，1986）将这些我们无法避免或改变的方面称作"有限境遇"（limit-situation），麦夸里（Macquarrie，1972）指出我们的自由如何被这些境遇所包围。

认识到这些有限性（limitation）是十分有用的，无论是存在论的（存在既定），还是存在者的（对于某人来说是独特的）。然而，我们对有限性的反应，并不仅仅是猜测：我们发现自己处于这样的场景中，我们参与其中，并选择赋予其何种意义。一个经历过很多手术和痛苦的治疗的先天性心脏病患者，或许会选择极限运动（例如滑翔伞），以一种自己身体条件原本不允许的方式来发现自己管理与控制恐惧和风险的能力。

克尔凯郭尔（Kierkegaard，1844）使用了"有限"（finitude）来描述我们面对存在的必然性，并且将人类看作是必然性（有限）与可能性（无限）之间的存在。"有限"一词也暗指变化是不可避免的：我们都在见证强制的改变和转化。我存在于此时此地，占据着这个空间，我无法存在于其他地方：我的选择是受限的。我的

100 KEY POINTS
Existential Therapy:
100 Key Points & Techniques

视角局限了我的可能性：我的位置是独特的，并且是无法与他人共享的。这一点对其他人也同样如此。治疗师可以与来访者分享他们对于人类存在核心条件的理解，但不能期望完全了解来访者如何应对他们的独特条件，也无法完全共情来访者的境遇。来访者某种程度上永远处在治疗师的理解范围之外，因此理应强调来访者（而非治疗师）所拥有的关于自己生命的专家角色。

19

焦虑的中心性、丧失与痛苦

从存在主义的视角看来，焦虑是一种存在既定：它与焦虑的影响和感受不同，有时也被称为"苦恼""忧惧"或"存在焦虑"。

海德格尔和萨特都将克尔凯郭尔看作是理解这个问题的重要来源。克尔凯郭尔在这个领域开创性的作品《恐惧的概念》（*The Concept of Dread*）已被翻译为英语（Macquarrie，1972）。

克尔凯郭尔对于这个问题的贡献是区分了焦虑与恐惧。恐惧有对象，我们会对某些东西感到恐惧。焦虑是一个更普遍的体验，没有特定的目标，它是我们每一个活动的背景音，预感着未知的起源和无法预见的结果。

克尔凯郭尔进一步指出，焦虑与自由相关联。自由让我们接触到可能性，以及承诺做出某个行动或选择后可能的风险。当我们站在选择的悬崖边时，我们在面临一种"自由的眩晕"（Kierkegaard，1844）。可能性同样也呈现出负面的感受：事情不总是按我们的期待发展；事实上，我们的选择可能会为自己和他人带来突如其来的丧失和悲剧。有很多东西可能会失去：我们的希望、欲求、对未来的期盼等。很明显，不可避免地，选择必定会带来失去。选择了某一个选项，就失去了其他的选项。因此矛盾的是，选择越多，我们的焦虑感也越多。有时候，我们面对这个现实时，会企图让他人为我们做选择——来访者或许会尝试通过无理取闹的方式操纵他们的伴侣主动结束他们的关系，以此来逃避做出"错误"选择而带来的焦虑感。同样，我们的来访者可能会尝试让治疗师为他们做选择，这也是企图逃避为自己的选择负

100 KEY POINTS
Existential Therapy:
100 Key Points & Techniques

责所带来的焦虑感。

海德格尔对焦虑感的理解与之相似。他也认为，焦虑感并没有明确的对象，它是关于普遍的在世存在而言的。海德格尔将焦虑与死亡、机会和虚无相关联。他也指出，焦虑感来自意识到所有对我们的生活有内在意义的事情，我们认为是"既定事实"的事情——养育子女的方式、思考和行动的方式、与他人产生关联的方式——最终都是社会建构的，并且都有其他可能（Cooper，2003）。当来访者提出治疗的无意义感，他或许在某种程度上也意识到我们在一个没有内在意义的世界中扮演角色。因此，治疗的挑战是，让他们投入日常生活中，寻找可以让他们重新与世界连接的个人意义。

对于焦虑的积极影响，几位学者达成共识：它可以唤醒我们参与世界的方式，并且可以选择以不同的方式参与。可以鼓励焦虑的来访者倾听焦虑在告诉他们是如何参与世界的，以及如何选择以不同的方式参与。他们可以将焦虑看作是正常的、不可避免的，而自由是一种祝福和负担；任何将头埋藏在忙碌中，逃避这种需要的企图，最终都将导致更多的焦虑。

第二部分　存在主义的理论假设

20

死亡与虚无

萨特（Sartre，1948/1973：26）称，人类自我没有固定的、"核心的"、确定的特性。当我们站在选择的临界点，在那个时刻，我们会意识到，没有任何内在的自我可以最终为我们提供满意的指导，让我们做出"正确的"选择（特别是困难的选择）。我们也会感激，通过做选择，我们塑造了自己，我们尝试去影响世界、未来，并确立我们是谁，何以如此。

这种虚无（nothingness），这种内在的空虚，是我们想要寻找，用我们的行动、信念和假设（或统称为我们的"世界观"）将其填满的问题。有时候，我们能够用持久的世界观来填补这个空虚，以此来形成价值和意义，然而一些突然的、常常是灾难性的事件或变化，会让世界观受到挑战，并让我们开始质疑我们坚持的东西。这会让我们觉得，任何事情都不可理喻，没有意义可言。这种时候，我们可能会寻求治疗帮助，去处理那些日常生活中所谓的精神崩溃，但在存在主义思想家眼里，这是一种"存在危机"（existential crisis）。

或许是在很小的时候，我们意识到，身边的人会死亡，我们将不复存在，这种不存在的可能性会激起强烈的或然性（contingency）的感受：任何事情都有可能是相反的状态，我也可能是相反的。当意识到任何存在都有可能不存在，我们也向意识到自己有可能不存在迈出了一小步。对这种或然性的接纳，会引起一种徒劳的感受：我所做、所想、所感或所为，都没有内在的意义；我为人和事所赋予的价值都建立在虚无的基础之上。

100 KEY POINTS
Existential Therapy:
100 Key Points & Techniques

死亡或许是关于存在最难以承认和参与的维度。事实上，亚隆（Yalom，1980）相信，不能够正视我们的死亡是很多心理症状和问题的根源。关于存在主义的一个常见的错觉是，它全部都是关于死亡的主题。事实上，真正围绕死亡的内容比较少，更多的是关于当我们意识到死亡将会来临，我们要如何应对。存在主义治疗帮助来访者决定他们要如何生活在这个现实的阴影之中。海德格尔（Heidegger，1962）指出，尽管死亡是所有可能性的终结——它是最终的可能性，并且让我们"向死亡而存在"——它最终也"保护"了我们。当我们深深地承认我们终将死亡，我们必须要因这个终结而做出选择，或许会唤醒我们行动的另一个视角。

认识到死亡是我们所有计划的终点，是将其视作一种边界：它以和出生相同的方式，为生命创造了界限。面对我们的死亡可以引起一种极度孤立的感觉：终结是无法分享的，没有人能够站在我的处境。意识到这一点所引起的焦虑，会激起我们逃到拒绝和回避之中 [海德格尔称之为"沉沦"（fallen）的状态]。对于投入大量财富企图寻找延缓或逃避死亡的来访者，可以鼓励他们评估他们对待死亡这一存在既定的投入和收益。他或许会意识到，在企图拖延死亡的同时，其实是拖延了生命。波伏娃（De Beauvoir，1948：120）用一句话很好地总结了这个立场：

今天我们的生活变得如此艰难，是因为我们执意要战胜死亡。

相反，如果他愿意承诺将死亡的可能性时刻存在脑海之中，利用它指导自己按照自己的价值观而选择如何生活，那么他便接受了死亡带来的挑战。

21

存在内疚

存在内疚（existential guilt），与存在焦虑类似，不是一种情感，而是一种不可避免的、无法回避的人类存在维度。

日常生活中的内疚是当我们打破规则或做错事情时会感受到的体验。博斯（Boss，1979）将这种内疚与神经性内疚（对某些并不需要被谴责以及父母可能会不认同的事情过分自责），以及来自应当却未采取行动的存在内疚进行了区分。海德格尔认为，我们都有内疚本能，因为我们总是以不完整的状态存在于世界之中——总有更多的可以实现或完成的事情。因此，存在内疚是人类作为可能性存在的一个结果。人类并不存在本质，我们可以自由地意识到可能性，也可能无法意识到这一点。由于我们总是"迟滞"（Cohn，1997）于可能性，当无法意识到它们时就会产生存在内疚。

存在主义治疗师将存在内疚看作一种不舒服的感受，像焦虑一样，在传达给来访者某些价值观，以及与价值观相符或不符的生活方式。来访者或许会尝试逃避承认他们的自由、生命的可能性，以及选择的必然性，进而被"日常生活"所捕获（最终进入被海德格尔称作"沉沦"的状态）。处在这种状态的来访者，通常表现出完全被生活中微小的细节所占据，并且逃避任何可能暴露或检验自己核心信念与价值观的讨论。

存在焦虑和存在内疚之间有紧密的联系：当我们体验到存在焦虑，会引发我们意识到我们必须选择；如果我们"拒绝"选择，这也是一种选择，我们将会体验到亏欠，而当我们纠结于逃避这个现实的时候，内疚感也随之而来。

然而，当我们承认这种内疚，我们再次发现可能性在向我们打开，我们体验到海德格尔所称作的"良心的召唤"（the call of conscience）。在一个洞见的时刻，我们看到自己为自己的决定、行为和对内疚的承认以及对存在本身的亏欠负有责任。在这一刻，我们可以触及到自己的潜能并为自己做出选择。在这种情况下，存在内疚是一个"通往更伟大的自由之路上的导师"（Cooper，2003）。

第二部分　存在主义的理论假设

22

本真性与非本真性、自欺与真诚

　　本真性（authenticity）是存在主义领域一直存在争论的概念，它不能够与日常生活中的真实性（genuine）相混淆。为了理解这一点，我们可以回到前面所讲的，我们常常逃避存在焦虑或存在内疚所带来的绝望和不适，对我们的存在以及持续变化的状态视而不见。来访者可能会说自己是一个"健身达人"，每天都会去健身房，或者会抱怨自己的腰围，声称自己不适合锻炼。无论是哪一种，他们都处在非本真的状态中，拒绝选择的自由，认定自己是固定的、不可改变之物。

　　萨特将其称为"自欺"（bad faith）。简单说来，自欺就是假装自己没有事实上那样自由，或比真正的自由更加自由。萨特（Sartre，1948/1973）认为，为了逃避选择带来的焦虑，以及不得不基于自己的价值观（其本质是虚无）来做选择，我们尝试将自己重新塑造为物、某个东西、一个本质。如果我们拥有一个本质或核心自我，我们就受到那个自我的决定，我们的选择即便不是完全预先决定的，至少也是受限制的。

　　如果我们根据自己的角色、行动、社会地位等来定义自己，我们就是在自欺。对于他人而言也是如此：我们将他人看作可预测的、固定的、可知的，就像对待某个物体一样。这种物化的方式通常会导致关系危机，关系的双方都想将对方物化为"错误的""不可理喻的""凌乱的"等，却又强烈拒斥对方将自己归为此类。存在主义治疗师会与关系中的双方进行工作，探索彼此对另一方的物化，并通过询问"她总是这样吗？"或"你能否想起一些你没有这样做的时候？"来打开其他可能性的大门。

100 KEY POINTS

Existential Therapy:
100 Key Points & Techniques

相反，一些来访者处在自欺之中，是因为他们觉得所有的可能性都对其敞开，不受历史、现实、他人需要和所有限制的约束。这类个体可能会难以接受他人需求和期待所带来的限制。在这类情境中，治疗师的角色是提醒个体要接受自由选择的权利，决定是否要维持关系，而不是躲在非本真立场中认为自己被关系所困。

本真性存在是一种在世存在的方式，非本真性存在也是如此。本真性与非本真性都是存在不可逃避的方面，并且二者也无"好""坏"之分。事实上，有人争论，非本真性才是更基本、更普遍的状态（Deurzen & Kenward，2005）。不可避免地，我们都会在日常生活中失去自我，迷失在"人群"中。然而，我们必须指出，本真性存在并不是从世界或从与他人同在中撤退。相反，它是在创造我们的价值观，拒绝群体的固化道德（Warnock，1970）。

本真性也并非每时每刻都将自己的所思所感完全真实地表达出来。相反，它是遵循我们的价值观而行动，在日常生活中时刻记得没有什么"本该如此"的事情，所有的事情都是脆弱的、因情况而异的。

存在主义治疗师帮助来访者检验生活中的"既定事实"。来访者进行物化表达时，例如"哭是软弱的表现"或"我没有别的选择"或"生活就是这样"，可以慢慢邀请来访者探索这些表述的真实性，与按照自己认为重要的事情而行动后的结果进行对比。如果他们可以公开承认存在的边界（包括自由、选择、责任、焦虑和死亡），如果他们愿意"赤裸裸地站在生命的风暴之中"（Becker，1973：86），那么，他们也在采取更加本真的立场。

以本真的立场参与人生的一个可能的好处是，意识到我们有权利为事物赋予恰当的价值，尽管这些价值具有无常的特征。本真的态度可以解放我们，允许我们自由选择。

第二部分 存在主义的理论假设

23

无意义宇宙中的意义与荒谬

我们站在所有的视角评估我们所感知的一切，即便是描述一个对象，也在以某种形式为其赋予价值。这是在说明，意义和价值是如何在我们的关系世界中被建构的。每一次我们遇到某人或某事，我们会对其进行解释，我们对它的理解和关注点也在发生变化（Spinelli，2007），从而创造一种新的理解。因此，我们对自己、对世界以及世界中的人和物的解释是在不断变化的；或许会有人认为，它们是无意义的。

尝试为一个由"虚无"构成的世界或他人赋予意义，看起来似乎有些荒谬且徒劳。如果一切都是偶然，并且基于多变的环境而存在，那么我们赋予意义的来源何在？如果价值赋予者，为事物带来本质的人，自身也并无本质，那么这一切看起来又是多么怪异？

海德格尔（Heidegger，1978）提出了一个质疑，揭示了存在的荒谬："为何存在'物'，却不存在'虚无'？"对此并没有确切的答案：一切都是荒谬的。

然而，很多存在主义思想家认为，人类最基本的驱动力就是寻找意义。事实上，存在主义治疗的一个流派——意义治疗（Logotherapy）（"Logis"在希腊语中的意思是"意义"）的基本理念就是基于：心理上的不安、空虚和绝望，可以通过寻找自身存在的意义而得以解决。正如弗兰克尔（Frankl，2004）所说：

知道为什么而活着的人，无论怎样活着，都可以忍受。

100 KEY POINTS
Existential Therapy:
100 Key Points & Techniques

同样，人也没有本质、生命，没有内在的意义。宗教信仰会提供一些意义，我们可以认为，宗教信徒选择了意义的来源；事实上，如果一种信仰没有伴随怀疑和选择，那么它就无用武之地。

然而，处在无意义的中心，并感受到它所带来的混乱感，常常让人难以忍受。当我们开始评价两种选择的时候，我们需要制订一个计划，一条通往期望的未来目标的路径。幸运的是，自由的功能允许，也需要我们创造价值：我们可以选择如何去生活，遵循何种原则，为我们的生活赋予何种意义。

这些意义和伦理价值必须要被自由选择，才能够让我们以本真的状态来参与到这些价值之中：武断地选择任何教条都是自欺的表现。萨特通过俄瑞斯忒斯（Orestes）这一角色声明："每个人都必须找到自己的路。"（Sartre，1955）

在存在主义治疗中，来访者为生活赋予的明确意义将受到挑战，并且探索另外可能的意义，照亮存在于世界之中的其他道路。当产生无意义感时，来访者被鼓励去探索对他们重要的事情、他们如何回应环境，以及如何理解自己采取的行动，以此来发现他们独特的生活意义。就像弗兰克尔（Frankl，2004）所说：

没有意义的人就像登山者踏入了迷雾，若是眼前没有目标，则将屈服于疲惫。

第二部分　存在主义的理论假设

24

时间性与未来导向

时间的本质一直以来都是哲学思考的主题。亚里士多德（公元前384—前322）将时间与改变和运动联系在一起；胡塞尔认为，时间是生活体验；海德格尔指出，时间性是理解人类存在的基础。科恩（Cohn, 2002）也认同这一点，他提到：

人类存在并不仅仅是在时间中生活，而是"生活时间"。

"时间性"通常是指我们如何体验时间，而不是测量出的时间。关于时间的体验和时间的意义，让哲学家十分着迷。"客观地"测量时间，将其看作由一连串没有重点的当下时刻所构成的线性的构想，是非本真的："时间不是实体，而是人类活动。"（Deurzen & Kenward, 2005）

说到测量时间，我们指的是过去、当下和未来。这三个指称是交互使用的：当我们创造一个句子的时候，很难不用上任何时间观念，然而在这样做的时候，我们通常都在隐性或显性引用这三个时间指称。萨特将过去看作是"自在存在"（being in-itself），意思是已经固定的、没有其他可能性的；将当下看作是"自为存在"（being-for-itself），意思是充满自由和可能性。基于此，存在主义认为，我们都有可能性，这些可能性让我们朝向未来；未来通过死亡终结所有的可能性。这听起来有些伤感，然而，未来对我们的影响大于过去或当下：我们刻意做一些决定来创造我们渴望的未来。这暗含了我们让自己对生活满意的能力——不同于橡树果，它并不知道自己会长成橡树，但人类总是生活在可能性的庇护中，我们知道自己可以更好、更强，或与现在有所不同。在这样的情况下，存在主义治疗师意识到，追求完满或幸福是注定要失败的。

事实性（facticity）的概念与我们的历史有关，举例来说，我们在哪里出生、生长在什么样的家庭、哪种文化、具有什么生理机能，以及前面所提到的全部存在既定。这些事实元素会限制我们的选择，然而我们可以自由地为这些因素赋予价值和意义。因此，存在主义治疗可以让来访者通过赋予新的意义改变过去和当下，从而改变它们对未来的影响。

存在的一个维度我们称之为"当下"，它也依据我们对未来的期许而形成。"当下"是体验性的，但只能通过追溯来进行描述和赋予意义：当下时刻总是悄悄溜走。存在主义治疗的价值，实际上也是任何治疗的价值，那就是提供一个场所，让我们可以站在自己之外，去体验"当下即是"（Heidegger，1978），这样我们可以俯瞰我们的过去、当下和未来，就好像它是一个独立于我们的个体。

时间是存在的边界之一。在一定程度上允许我们自己觉察到这些问题，是本真性的表现。如果我们对某一个时间维度的关注长期处于不平衡的状态，我们便为自己的本真生活设置了限制。过分执着于某些过去问题的来访者，或许需要帮助以思考其体验，澄清自己希望未来多大程度上受到过去的影响。如果来访者认为，将目光聚焦于未来意味着自己将生活在无意义的当下，他们或许觉得，有用的方式是检验一下如果没有未来，将会有哪些得与失。关键在于理解我们可以主动拥有过去、当下和未来，而不是任由其被动加之于我们（Deurzen & Adams，2010）。

25

具身化与世界

很多存在主义哲学家强调，身体不仅仅是大脑的载体。梅洛·庞蒂（Merleau-Ponty，1962）尤其强调，我们不仅拥有身体，而且也是身体，我们不可避免地以身体的形式存在（Cooper，2003）。我们通过身体（触摸、看、思考和沟通）来体验、参与和理解世界。感知只有通过身体才成为可能。

在世存在一直被看作具有身心一体的性质；身体和心灵的区分由笛卡尔（Descartes，1596—1650）提出，这在理性论辩中十分有用，但我们的体验具有整体性。或许我的关注点在于身体或心灵，但进一步的反思表明，这两个部分对于人类而言都是在场（present）的。

我的身体给了我关于世界的感知，以及参与世界的意义；我的身体也为他人提供了看待我和与我互动的空间。我的身体体验常常是我最直接的关于世界的理解，它对我的影响与理性反思对我的影响一样多。尼采（Nietzsche，1967）曾写道：

身体比深度学习具有更多的智慧。

具身化（embodiment）与主体间性之间有特殊的联系。他人会对我有一种看法，而这是我自己无法具有的：他们可以从一个我永远无法捕捉到的视角来"看"我。而我，对于他人，也具有同样的优势。当我体验到羞愧或是骄傲，在这样的情况下，我成为他物，我远离了自己，我对身体的体验仿佛"它不是我的身体，而是他人的身体"（Macquarrie，1972：115）。

存在主义治疗假设，来访者用身体与世界协调，并认为身体与其他体验同等重要。治疗探询的主体应该包括来访者身体和身体对世界的描绘；来访者多大程度，以何种方式用身体进行交流；来访者身体自我是否舒适；来访者根据自己的身体存在条件选择以何种方法增强哪些部分；当来访者感受到具身化的自我时，是如何体验他人的，诸如此类。我们的身体以这样的方式给了我们了解存在真理的通道（Guigon，2002）。通过认识这一点，存在主义治疗通过深度切实的体验帮助来访者完满地生活，而不是仅仅通过关于身体的理论（Deurzen & Adams，2010）。

26

存在主义视角下的性欲

性欲不仅仅是某个特定的行为：它不完全是身体的、情绪的或心理的。它是一种潜能：它可以由身体的性行为表达，也可以独自一人实现，而后者被视为是逃离关联性的表现，如果通过独自一人表达性欲成为主导的性欲表达，从而拒斥关联性，则会被视为是有问题的表现，例如沉迷于色情文学。

性欲是具身化的一个方面：作为人类，我们是意识和身体的统一体。我们的身体"让可见的表象持续鲜活"（Merleau-Ponty，1962）。身体让我们能够和他人在一起：通过具身化，我们为他人而存在，并与他人共在，尽管这并非我们参与他人的唯一方式。

史密斯·皮卡德和斯温纳顿（Smith-Pickard & Swynnerton，2005）拓展了性欲的概念，使之超越了仅仅依赖于伴侣或行为的定义。与惯常的对性欲的理解相反，他们提出：

性欲成为个体的具体化定义特性，而不仅仅是对主体间性一个基本方面的描述，正如从存在主义视角看待的那样。

麦夸里（Macquarrie，1972:116）回顾了萨特、梅洛·庞蒂，别尔嘉耶夫（Berdyaev）等人的哲学观点并进行了概括："人类性欲不仅仅是生理功能，它具有难以回避的存在论维度。"这里所说的维度是指主体间性：在这个领域中，我们

100 KEY POINTS

Existential Therapy:
100 Key Points & Techniques

对自己和他人的期望、抱负和假设，将在我们的世界观中得到证实，并通过选择和行为使其成为现实。即使是自体性欲（auto-eroticism），也被看作是某人对社会背景的反应。

来访者通常会关心对性欲的哲学理解的存在者维度的证据：他们想要找到关于性的具体问题。这或许关系到性取向、关于性的态度以及性行为表现等。

存在主义治疗师对这些问题的理解，将以对存在的普遍性方面的认识为基础，这些方面可能涉及如下困境：正如前面所说，关联性、有限性、时间性、责任、自由、选择、焦虑、不确定性、内疚、痛苦等，都会对特定困境的形成产生影响。这些主题本身并不是问题，而是来访者参与其中的方式可能会引起的不舒适的感觉。

存在主义治疗师会邀请来访者探索他们自身存在的意义，以此来获得对世界观更宽泛的理解。当来访者信任治疗师之后，来访者会更愿意发现和反思自己的脆弱，以及自身视角的模糊和片面性。

世界观是扩展性的，大多是隐含的、易变的，那些看起来游移不定的部分通常与所探讨的问题相关。没有任何探索的道路是完全不相关的，我们需要很努力地与来访者一起探索，尊重来访者的视角，而不是根据我们自己的假设和价值观。在欲望和行为被轻易划分为"正常"或"偏离"的更广泛的文化中，这是十分具有挑战性的，而治疗往往也发生于此。

27

意识和潜意识

意识即觉察，而觉察总是对某事物的觉察。有意识和觉察并不意味着我们对每一个遇到的事物都保持觉察，因为我们不可能对所有未经加工的刺激都保持觉察。存在主义者认可并非所有精神现象都是意识这一事实——这并不意味着我们就像弗洛伊德（Freud，2013）所设想的那种，拥有独立、分隔的潜意识。

当我们感知的时候，我们能够区分不同的事物，因为我们能够聚焦于较为突出的事物；如果我们无法感知这个区分，那么所有事物将是一团无法理解的模糊（Spinelli，1989 & 1994）。这种领悟边界的能力创造了主体／背景（figure/ground）的结构：占据我们注意力的物体是前景（foreground），也就是更突出的，而其他的现象则被归为背景。没有被我们注意的物体并非从我们的感知中消失了，如果我们转移注意力或感知发生改变，这些物体将会重新显现。

值得一提的是，这个过程是相互关联的：通过对比某个现象和其他现象之间的性质，彼此的区分变得更加清晰。这个原则同样适用于内在的心理状态，比如情绪状态，悲伤相对于快乐，或是自我与他人的性格，例如我比吝啬的人更大方。

我们觉察到的为前景或背景的事物，是在那一刻符合我们的兴趣或价值观的事物，它的意义可能是积极的，例如某些让我们感到开心的事情，也可能是一些不太让人满意的事情，比如一些可能有危险的事情。所有其他的信息都是不相关的（Cohn，1997）。

此外，我们可以"解离"那些无法接受的或不愉快的感知和体验；在这种情况下，我们将觉察从体验中退出，或重新定位。这或许会被称作"否认"（denial）：我们否认体验对我们的意义。

然而，这些感知依然保持在意识状态：它们被分配到与主体／背景结构较为遥远的背景中，直到某些时刻我们有意将它"向前"带回注意的前景。

关于这种动力学的例子比比皆是：我们大多数人都会评价"我不相信我能够做／想／相信这样的事情"带来的影响。在这种情境中，我们觉察到我们已经"知道"的事物的体验。被否认的体验在这个更新的意义中被理解，有的人将其称为"被允许"的。

存在主义治疗不仅仅聚焦于前景，同时也聚焦于形成背景的感觉、知觉、思维、信念。我们可以将其比喻为探索黑暗的阁楼，我们邀请来访者不仅仅将火把照在邻近的物体上或是房间的某一个部分，同时也要照在被部分遮挡的其他物体或是遥远的角落里。存在主义认为，这个房间对分析是完全开放的，而把无意识看作是"审查者"。储存和保管刺激性或令人反感的经历的空间的想法是多余的；坎农（Cannon，1991）概括了萨特的被大多数存在主义思想者认可的立场：

意识是……一种对存在的开放，一种对完满未来的渴望或失落，而不是一种自成体系的内在心理系统。

我们意识到的事物，的确会被自我欺骗（自欺）、毁灭或玷污。然而，通过聚焦于那些被压抑到心智中很少被看到的体验，可以让它们被回顾、被反思，并赋予新的意义。

28

绝对真理、不知和未知

知（knowing），来自意识，而意识总是关于某事物的意识[意向性(intentionality)]。某事物被赋予意义，仅仅是因为我们的被抛性以及我们对世界的存在体验。因此，并没有所谓的"一个真理"，只有当人们感知它们时的"一些真理"。人类"被抛"入世界：也就是说，他们进入世界的细节，存在既定，包括所有的过去，都让他们处在一种独特的感知当中；每个人的视角都是独特的。因此，我们根据自己的经验而产生的对真理的看法是有局限性的。绝对真理（absolute truth）独立于人类感知而存在的说法是站不住脚的。

并且，我们总是在路上：朝向一个充满潜力和可能的未来；这种移动，也会影响我们如何评价我们的感知，以及如何看待我们的体验。

通常，来访者想通过治疗寻求安慰，他们期待可以确定知道某些事情的终极事实；他们想要更好地预测自己所做的决定的影响，从不确定性和责任的负担所带来的焦虑中解脱出来。然而，如果这种确定性成为可能，如果我们能够知道，我们就不再自由；我们便成为了萨特所说的实体（*massif*），一个固定的物体，没有任何的可能性或意识。

存在主义治疗会通过邀请来访者悬置他们知道的东西，来探寻他们的体验，通过参与来访者的旅程，至少暂时地让他们在旅程中保持未知，对新颖、诧异和惊奇保持开放的心态（Deurzen & Adams，2010）。每种事物都有辩论的空间，来访者要学会包容怀疑和自我怀疑，抵抗过早下结论的诱惑，希望他们从中发现的东西对他们和这段旅程有价值。

这样的有意识的反思可以允许他们重新建构自己的体验，以及如何解释这些体验：现象或许会更充分地显示出它的复杂性，这也能够允许来访者有一种不同的理解。这种未知的或是天真的立场，容纳了更多的可能性。

29

情绪理论

海德格尔（Heidegger，1962）认为，我们总是以某种"调子"（tone）与世界相联系，也就是说，我们总是处在某种心智状态或心境（mood）中。心境具有揭示性（disclosive）——它们会提示我们自己以何种方式存在于世界中。一种心境、感觉或情绪是我们与事物相遇时的反应，也揭示出我们所相遇的事物本身。我们通过心境参与到世界之中，用海德格尔的话来说，有一种"调和"（attunement）感。

情绪反应永远伴随着认知和心理反应，这反映出人类存在于世界的整体性。

由于我们总是在"调和"在世存在的方式，随之而来地，我们也总处于某种情绪体验中。另外，由于我们可以将自己的体验作为反思的焦点，我们还能够产生关于情绪的情绪。例如，我可能对我的同事感到生气，同时我也对我生气的情绪感到愧疚。这是由于在同一时刻，人可以有不同的情绪同时出现，有的情绪处于前景，其他的则处于背景之中。

由于我们的在世存在是一种"显现"的动力，而我们调和的动作也是如此，因此，我们的情绪体验总是处在流动中。主体／背景的结构也是一个流动的模型：前景和背景的元素不断地移动和变换位置。

情绪，与任何体验类似，是"意向性"的两个焦点之一，即知觉的不变性。作为对我们在世界中所遇事物的反应，包括内在心理现象，总会有一个"是什么"的问题引出一个"怎么样"的问题。因此，情绪是关于某事物的情绪。让我们产生情绪的事物体现了我们的价值观和意义：情绪揭示了那些我们认为重要的事情，以及为何对我们很重要。萨特认为,情绪是我们逃离窘境的行为。当来访者栖居在失去工作和对这件事情感到悲伤的困境中,他们或许逃离了解雇带来的残酷现实。每一次我的伴侣想要单独过周末,我都感觉到嫉妒,我是在逃避面对抛弃带来的恐惧;如果每一次我的孩子膝盖受伤,我都感到恶心呕吐,我是在逃避面对不能保护他们免受伤痛的现实。

感觉、心境和情绪并非扭曲的"现实",而是它们参与了我们遇到的事情,尽管这种参与可能会扭曲我们与某事物真实的互动,就像上面所举的例子一样。波尔特(Polt, 1999)列举了恐惧的例子:恐惧并不能让我们从某事物中离开,它"揭示"了某事物对我们的威胁。

存在主义治疗师对来访者的情绪世界保持开放和好奇的立场,可帮助他们识别其情绪揭示了什么样的价值观和体验,认识到那些他们没有觉察到的情绪,并鼓励他们接纳两种或更多相反情绪的刺激体验。这使他们能够在他们所有的活力和激情中体验到各种各样的情绪,就像布根塔尔(Bugental, 1987)所指出的:

情绪性(emotionality)是存在的统一维度:压抑某一种情绪则会对整体产生危害。

30

四个世界：身体、个人、社会、精神

路德维希·宾斯万格（Ludwig Binswanger）是一位瑞士心理治疗师，接受荣格的心理分析训练，然而后来对存在主义思想家的工作十分感兴趣，特别是胡塞尔、布伯（Buber）和海德格尔。他基于三个存在维度——周围世界（Umwelt）或物质（physical）世界、人际世界（Mitwelt）或社会／公共（Social ／ Public）世界，以及自我世界（Eigenwelt）或心理／个人（psychological ／ personal）世界，发展了理解和探索人的世界观的结构。这个三维度模型被德尔森（Deurzen，1997）沿用，并增加了第四个维度——宇宙世界（Uberwelt）或精神（spiritual）世界。

很多存在主义治疗师将这个模型作为思考和探索来访者世界观的基础。德尔森（Deurzen，1995）认为，当来访者详细描述每一个世界的体验时，他们获得了关于自己如何看待世界以及自己在世界中的位置的洞见，并"再次真实地看待自己"。

周围或物质维度指的是具身化和物质世界。这是最基本的维度，没有物质身体的存在，我们无法成为人类，若是没有周边环境因素的影响，我们也无法具有人为构造和自然驱力。世界的很多物质方面都是既定的，而我们对这些限制的反应是治疗关注的内容。这一维度中相对立的两个主要议题是出生与死亡，以及对物质世界的拓展与收缩。

人际或社会维度包含了每天的社会互动。这个世界涵盖了我们对公共建构的态度，例如种族、性别、等级或家庭等。它也涵盖了我们与他人联系的方式，相对立的主题包括信任与失信、竞争与合作、从众与个体化。这个维度反映了我们总是"与他人共同存在于世界之中"的观点。

自我或心理／个人维度反映了我们关于亲密他人的态度和假设。这也是我们在咨询工作中最普遍涉及的维度，因为它涉及当事人与自己和家人、亲密朋友等人的关系（Deurzen & Kenward, 2005）。在这个背景下，我们能够看到来访者究竟认为什么有价值、什么没有价值，无论是对自己，还是对亲密朋友与家人，这些价值和态度意味着什么。这个维度中的对立观点包括自我接纳（self-acceptance）与自我发展、本真性与非本真性。

第四个维度是宇宙或精神维度，包括我们对世界和宇宙的假设与感知。在这里，我们会发现自己的哲学和精神价值以及对人生和宇宙的假设。可以将它理解为元背景，反映了所有其他三个维度。这个维度中的对立观点包括意义与无意义、善与恶、超验与世俗。

这些维度彼此联系互相影响，与存在既定相似，很难脱离其他维度来思考其中一个。

这个模型可以让我们开始理解自己和他人的世界观。它可以帮助治疗师从来访者日常生活的关注中后退一步，确保每个方面的现实都能够被探索（Cooper, 2003）。当来访者对某个维度特别强调，或缺乏对某个维度的探索时，这种不平衡可以作为反思和探索的焦点。

31

世界性、世界观、价值观以及沉积的信念

我们在不断地与这个世界互动，在此基础上去理解世界，并将这些感知添加到一个不断变化的自我概念中。

我们存在的活力并没有反应在诸如"世界观"或者"主体/背景"、甚至"存在于世"这样的短语片段中。世界性（worlding）一词被斯皮内利（Spinelli，2007）用于描述一种对运动觉的恢复，将开放性（openness）视为从存在主义现象学角度去理解存在的基本概念。（经验世界）世界性是存在中有生命的过程：它是动态的，难以用语言描述的，因为它永远不能被阻止，也不能在"此在"（now–ness）中被充分理解：它可以被当作一个物体，被拆散，并只在随后反映出来。这样做，我们得到一种生命存在的"快照"，它不是当时经历的全部呈现。

"世界性"这个理念通常适用于对自己或他人施加严苛的自我建构的来访者，因为这鼓励他们认为自己比其他情况下更具可塑性和不容易陷入困境。当然，这种灵活性也预示着我们对自由的认可所带来的焦虑，这样的洞察力成为了一把双刃剑。

世界观（worldview）简单地说是由我们对自己、他人、世界和宇宙的假设、态度和价值观构成。这些类别密切反映了德尔森（Deurzen，1997）在四世界模型中的论述。如前所述，世界观将反映那些被视为本体论的问题；然而，这些共性的方面将在存在者的层次上展现出来，也就是说，它们将以特定方式说明，我们与这些方面是交织在一起的。例如，一个普遍存在的既定事实就是焦虑。一个来访者可能通过寻找抗焦虑药物来应对焦虑，另一个来访者可能会饮酒或服药，但有人可能

100 KEY POINTS

Existential Therapy:
100 Key Points & Techniques

会接纳焦虑，尽管不愉快，但都是正常的，可以为他们的选择提供有益的洞见。

价值观是我们世界观的重要组成部分，在治疗环境中阐明这些价值观可能会带来启发性。如果一个来访者认为金钱是生命中最重要的东西，那么他们的抱负和目标如何反映或阻碍这个价值观？这个价值观对于他们希望如何经历人生以及如何选择朋友有什么影响？这个价值观在哪些方面如何影响来访者创造其物质环境？他如何通过社交礼仪来表现自己？

正是这些支持我们世界观的价值观和假设赋予了我们的行为。然而，我们可以很容易地观察到，世界观可以隐藏矛盾、不和谐以及那些模糊不清的悖论：当这些元素在处理日常事务中是无效策略时，将变得明显。通常，我们会在对这些矛盾的描述和回顾中获得最深刻的洞察。

这里有一些当我们的假设受到挑战的例子。假设当我过马路时，十字路口显示绿灯，来自另一个方向的车辆停止行驶，因为其他人会像我一样尊重法律。 但是，有些时候并非如此。在那些关键时刻，我开始回想我的假设的信度和效度。 如果我允许那些意想不到的经验影响我的假设，我可以建构一个新的假设去整合我遇到的新的可能性。如果这些新的见解被吸纳进我的世界观，那么它可能会影响一些支持它的其他前提。

如果我坚持原来的假设，那么在我拒绝承认的变化面前（当我自信地过马路时，我可能会被撞倒）将会变得很脆弱。不顾可能发生的偶然事件，而执意保持我自己的价值观或假设，被视为"沉积"的观点，或者更简单地说，是"沉淀"（sedimentation）。

这个过马路的例子是无伤大雅的事件，但当应用于涉及自己的假设或价值观，比如涉及什么是爱的时候，"沉淀"的代价是很大的。

第二部分　存在主义的理论假设

32

我、你以及我们所关注的

知识、真理、知觉、意识、自我和其他构成都是关系的产物。此外，关系互动的过程也会在各个维度之间产生连锁反应：存在是一个整体。

斯皮内利（Spinelli，1989）的著作特别强调了治疗师和来访者之间关系的质量，并提出了一个模型来讲述关系的三个领域：与自我的关系（"我"）、与他人的关系（"你"）和与我们的关系（"我们"）（无论谁都可能包括）。"我"（I）在关系中体验我的"自我"（self），体验他人（the other），体验我的"自我与他人的关系"（Spinelli，1994：331–332）。

"以我为中心"（I-focused）的领域是关于个人在关系中如何做自己的体验。那些说"我知道我听起来像个十足的白痴""我希望我没有发现表达自己很难"或"我真的认为我永远不会得到加薪，我不值得"之类的话的来访者，都是在从"以我为中心"这个出发点来谈论的。

"以你为中心"（You-focused）的领域是关于个人如何体验对方，以及在任何关系中他们如何体验对方的经历。一个来访者说"我觉得你不喜欢我""很明显你觉得我很愚蠢"或者"他显然很崇拜我"，都是在从"以你为中心"这个出发点来谈论的。

最后，"以我们为中心"（We-focused）的领域关注的是个体如何体验"我们之间的关系"。典型的"以我们为中心"的陈述可能包括"在我看来，我们确实对彼此的陈述反应过度了""就好像我们比以前更爱对方了"或者"我觉得我们在

100 KEY POINTS
Existential Therapy:
100 Key Points & Techniques

这方面正在取得进展"。

在治疗环境中，存在主义治疗师可以利用他们在世界中与自我和他人相处的不同方式，来促进来访者了解他们如何与他人互动、他们如何为此作出贡献，还可以为此做些其他的什么贡献，以及在这样的情况下，他们与人的互动有什么相同和不同。这三个领域中，可以探索一下某个领域和其他两个领域相比占主导地位的含义，这样就能在不那么偏爱的领域有更多的思考而获得新的见解。

在关系世界中，任何新的认识都可能影响我们整个的存在方式。正如我们所看到的，来访者对于如何处理这样的新见解有了选择：他们希望保持现有的世界观，因此选择拒绝或忽略它，或者他们将这些新观点融入与他人相处的立场中。

33

反精神病学以及不正常的社会建构

反精神病学运动反对精神病学的实践，其支持者认为诸如电休克疗法和精神药物治疗是危险的，是控制疗法。"反精神病学"（anti-psychiatry）一词是由著名的苏格兰精神病学家莱恩（R.D. Laing）的南非同事库珀（David Cooper）在 20 世纪 60 年代初创造出来的。作为其哲学背后的两个核心人物之一，他实际上并不喜欢这个词，他担心这个术语会鼓励精神病学领域内讧和盲信的发展。他建议，治疗师应该努力围绕患者的生活经历展开工作，尊重他们的"症状"，将其视为对环境做出反应的方式，并允许他们在治疗方面拥有自主权。

早期存在主义实践者如贾斯珀斯（Jaspers，1986）和宾斯万格（Binswanger，1963）的影响可以从莱恩（Laing，1960：39）的"本体论的不安全感"的概念中看到。当一个人被剥夺了坚定地建立自己和他人身份的机会时，一种空虚感就出现了。他认为这是精神分裂症的根源。莱恩从创造和对这种空虚感的反映两个方面强调了存在中关系的重要性，即提醒我们，想要理解一个人的行为，就得去了解他周围人的行为。

反精神病学运动的第二个主要贡献者是托马斯·萨斯（Thomas Szasz）——尽管他也质疑这个词是否恰当，他说他既不相信精神病学也不相信反精神病学。萨斯是一位自由主义者，他认为精神疾病是心理学和医学概念的混合体，而不是像癌症这种可以清晰描述的疾病。在他这本有争议的书《精神疾病的神话》（*The Myth of Mental Illness*）（Szasz，1960）中，他认为精神疾病是道德而不是医学问题。对他来说，像"精神分裂症"和"抑郁"这样的名称，描述了一系列常规之外的行为，

100 KEY POINTS
Existential Therapy:
100 Key Points & Techniques

以及冲击、冒犯或干扰社会权威的行为。他指责精神病学专业人士故意混淆行为和疾病之间的区别，以便使越来越多的药物"治疗"和对那些行为超出社会规范的人实施强制"治疗"合法化。

和莱恩一样，萨斯指责精神病学的主导医学范式没有重视诸如社会、情感、智力和文化这些可能导致"精神疾病"出现的因素。像精神分裂症这样的"疾病"被看作是一种在这个世界生存的方式——即能够帮助一个人在特定环境下生存的策略。正如弗兰克尔（Frankl, 2004: 134）后来描述的那样："对异常情境的异常反应是正常的行为。"

法国哲学家米歇尔·福柯（Michel Foucault, 1971）和加拿大社会学家欧文·戈夫曼（Erving Goffman, 1961）也对反精神病学运动做出了贡献，他们对精神病学实践提出了挑战，认为它是压抑和控制的，并强调与精神分裂症等诊断相关的印迹，会对个人的自我概念产生潜在的破坏性。德尔森（Deurzen, 2002: 77）对此进行了反思，她提出，这些诊断使人们始终会面临"终身被认为是精神病人的风险"，削弱了他们"应对严酷生活"的能力。

莱恩、萨斯、福柯、戈夫曼等人的工作加强了存在主义哲学中所强调的人类存在中关系的首要地位，并提醒存在主义实践者需要给来访者机会，让他们通过诚实和真实的态度与他人互动，来表达和连结他们的挑战。

第二部分　存在主义的理论假设

34

语言与存在主义

为什么"为我们的想法或感觉找到正确的词语"这件事，即使不算令人欢欣鼓舞，也是一种令人感到满足的体验呢？也许是因为，在某种程度上，它给了我们一个与他人分享某件事的机会，向可能理解我的他人（另一些存在者）展现一些东西，这样我可能就不会感到那么孤独。

但是，为了别人能真正以一种有助于揭示某事的方式"听到"我说的话，我和对方必须分享一些对所讲内容的理解。根据海德格尔（Heidegger，1962）的观点，正是这一点使得人类惯于推论：我们对意义的模式享有共识。波尔特（Polt，1999：74）阐明："正因此在，我才具有健谈的特点，我才能够处理意义的模式。"

简洁地说就是："我们怎么可能抛开自己早已深陷其中的共享语言，而拥有绝对或纯粹的思想呢？"[Latham . *Gordon & Mayo*，2004：86]。在这一点上，我们知道"理解"不可能是"个人化的"（Cohn，2002：46），因为它来源于一个共同世界、一个共享的存在。从这个意义上说，我们也可以理解，作为共在的一个方面，语言是人类存在的一个基本条件。

科恩（Cohn，2002：46）对这个主题进行了扩展："我们与他人共享的世界对我们是有意义的，它在我们使用语言之前就开始和我们对话了。"

这些观点认为语言已经超越了文字，是多层面的沟通和理解。这并不是说理解的建构是全部和最终的：它对于说者和听者都是一个既有理解又有误解的过程。在这种节奏下，我们注意到语言会同时显示和隐藏一些东西。当你关注什么的同时，就将其他现象置于背景中了。这可能并没有什么目的性；相反，这是进行语言、理解和沟通的结果。

然而，由于明确的理解和承认，背景的部分可能变得更加重要和明显。这一点与下面这一观点相呼应："在任何语言中，说出的永远不是想说的"Heidegger，引自 *Deurzen & Arnold-Baker2005* 中哈丁的话。

作为一种治疗和交流的努力，存在主义的实践将遵从以下原则：

在倾听来访者时，或者更恰当地说，在感知他们时，治疗师应该理解来访者是更大环境的一部分，这个环境包括治疗师。探究来访者如何体验、理解和参与有咨询师加入的多层次互动的条件已经成熟。治疗师和来访者感知到的理解本身就是反思和询问的途径：当这些沟通被接受、肯定或提炼时，就是理解的过程。

理解和沟通提供了一种我们对这个共同世界复杂性的暂时的理解；语言是揭示这一点的一种方式："共在是一个有许多分支的网络，每一个分枝都潜在相关。"（Cohn，2002：41）

100 KEY POINTS

存在主义治疗：100 个关键点与技巧

Existential Therapy:
100 Key Points & Techniques

Part 3

第三部分

存在主义现象学治疗实践

100 KEY POINTS
Existential Therapy:
100 Key Points & Techniques

存在主义治疗关系的基本元素

35

治疗环境

存在主义哲学将我们牢牢置于"世界之中",而不是与世界分离,因此存在主义治疗师会欣然同意,治疗空间是治疗关系的一部分,这是应该重视的。然而,存在主义文学的哲学原则并没有提出具体的环境条件,但是我们可以假设这个环境会反映实践者的世界观:这可能包括了一些对来访者和治疗师的舒适度的考虑。

与某些治疗取向不同的是,存在主义治疗并不依赖于向来访者提供一个中立的空间来投射其移情想法和感受。因此,存在主义治疗的空间可能是专业的,但不是临床的,是个人的但不会越界。正如科恩(Cohn,1997)所指出的,治疗师提供了一个来访者的个人想法、叙述和感受可以被描述、澄清和理解的空间。来访者怎么能在一个非私人的空间说出隐私呢?

虽然治疗大部分时候都在治疗师选择的房间里展开,但存在主义思维并不阻止在不同的环境中进行治疗,例如在来访者自己的房间里、在公开或公众场所、在线或电话。比如青少年来访者可能会发现"步行治疗"能减缓紧张感,而常常旅行的成年人可能会寻找一位能够提供一系列面对面和在线治疗的治疗师。

如果治疗主要是针对个人的,最好能安排好座位,这样治疗师和来访者就能清楚地看到对方,这有助于思考他们之间关系的性质,这是一个适当的探索点。请来访者使用躺椅与"存在是主体间的"这一观点对立,而我们在这方面的困难需要被

第三部分　存在主义现象学治疗实践

澄清，而不是掩盖。然而，一些实践者（例如 Medard Boss）认为让来访者躺着是一种承认身体"是人类存在的一个领域"的方式（Boss，1963：62），尽管还不清楚为什么躺着是一种更好的承认身体的方式。

考虑来访者的隐私很重要，不管他们的到来和离开是否受到观察的影响，不管这对他们来说是否尴尬。由于保密是一项专业要求，因此有必要确保谈话不会被偷听、记录或录音，以及合同之后的资料所有权需要与来访者达成一致。存在主义治疗师通常对做笔记的观点持模棱两可的态度，他们相信在"此时此地"与来访者互动的价值，而不是将一期治疗建立在过往互动的基础上。记笔记的行为要求治疗师解释他们与来访者的互动，把某些方面看得比其他方面更重要，甚至可能正式陈述他们对来访者所处世界地位的看法，从而不可挽回地改变双方的关系。

当然，任何由专业组织制定的规定都应该被考量，只要这些标准符合实践者的道德立场和世界观。

存在主义心理治疗的空间和时间"设置"保持了一种开放的可能性，仅会与治疗师和来访者基于信念的假设和随之而来的条件，以及专业机构可能预期的边界密切相关。

（*Spinelli*，*2007*：*94*）

正如斯皮内利所指出的，考虑到尽可能多的环境因素，保持灵活性的态度是明智的：我们并不总能控制实际因素，也不能控制来访者的要求。关键是要意识到，对于标准流程的实践的替代方法是可能的，而且也许更加可靠和有效。因此，这比盲目坚持可能源自其他哲学基础的心理疗法更符合伦理（Spinelli，2007）。

36

初次会见

为开始治疗做准备既有实际意义，也有哲学意义，但哲学意义常常不作为讨论的主题。

哲学方面是指实践者的准备：它包括对为介入而做的准备程度的思考，这也是一个伦理问题；但也许更重要的是，它需要考虑一些已经被治疗师的理论取向呈现出来的偏见和假设，这也是与来访者首次接触的结果（无论是通过电话、电子邮件还是转诊记录的形式）。来访者和治疗师之间的初次会面延续了第一次接触就已经开始的治疗关系的"共创"过程。正如科恩（Cohn，1997：33）所指出的：

> 作为治疗师，你遇到的来访者就是遇到你的来访者，事实上没有同样的来访者。
> 即使两个治疗师遇到的是同一个来访者，但呈现出来的却是不同的来访者。

明智的做法是甚至在第一次见面之前，就开始关注已经开始的关系质量：哪些印象很深刻，哪些假设在起作用。现象学方法可以激发反思并有助于澄清和支持预判与假设。

来访者在最初阶段的会面和问候中不受特定程序的限制：会面的特点反映了实践者的立场。正如前面德尔森（Deurzen，1997）和宾斯万格（Binswanger，1989）提出的关于存在的维度，情境具有社会性，治疗师如何解释和表达这一点应该代表了他们认为适合于此情此景的假设。这可能对一个来访者来说合适，但却不

第三部分　存在主义现象学治疗实践

一定适合另一个来访者。在某种程度上，一个人能够对环境保持敏感，他就能更好地提供周到的、个性化的欢迎方式。

治疗师倾听来访者的方式应该与其他会谈没有任何不同：我们倾听什么以及我们如何倾听是现有的原则。来访者的世界观在第一次表述时就开始展现：叙述揭示了当前需要他们关注的重要关系和问题。治疗师在注意来访者忧虑的同时，需要自己对来访者的偏见、来访者在治疗过程中感知自己的方式、他们可能对治疗师形成的任何看法，以及双方共享空间的体验方式保持觉察。例如，治疗师可能会意识到来访者希望以特定的方式表现自己的雄心，例如，无助的、有弹性的、脆弱的和（或）理性的。治疗师也有从一个特定的角度被看到的目的，比如移情、专业和（或）值得信赖。

这些只是开始，这种关系的质量将建立在双方共同为此所作贡献的基础上——共享和共创，但不一定是平等的。双方都关注澄清，但这是澄清来访者的经验而不是治疗师的。

记住没人知道这两人是否会再次相遇也许是有用的：两个人都有选择退回的自由，我们都受制于可能会阻碍我们出现的变幻莫测的生活。任何相遇都可能是最后一次。因此，每一次治疗都应该仅仅被视为"治疗"本身。

37

治疗师的角色

存在的现象学观点认为每一位来访者都是一个独立的个体，针对他们的每一种治疗方案也都是独一无二的。因此，存在主义治疗师担心，如果刻意去强调"如何做一名治疗师"会导致在与来访者工作的时候过于死板和僵化。

某些形式的存在主义疗法会更明确地说明治疗师的角色。例如，德尔森将治疗师描述为可以为来访者的反思带来特殊智慧和经验的"导师"或"智者"（Cooper，2003）。在存在主义分析治疗中，治疗师会负责整个治疗过程，受莱恩（Laing，1960）影响的治疗师会准许来访者参与这一过程的建立。在存在主义分析学中，治疗师会关注来访者在适应不良（maladaptation）和功能障碍方面的问题，认同反精神病学运动的治疗师可能会去理解来访者的症状，以及寻找其目的。

事实上，在所有形式的存在主义治疗中，治疗师的角色都反映了治疗的目的。治疗师会从帮助来访者探索其生活经验开始治疗，意即她的世界观所代表的"世界性"。

在一种联合治疗中，治疗师和来访者会努力澄清来访者对于世界的价值观和假设。这些因素中的很多预先都不会被反映出来：这些观点的矛盾之处和相对的"真相"会在来访者经过深思熟虑的思考以及治疗师的细心聆听之后才会暴露出来。这是一种探索的方式：更关注问题比关注答案更有价值。这也说明真实的事件从来不是单纯的、简单的或绝对的。

在探究的本质上，相比于技术，存在主义治疗师更倾向于实践。科恩（Cohn，

第三部分　存在主义现象学治疗实践

2002）明确了两者的区别：实践是一个人的信念的"实施"，并不是方法论或机械的应用。作为一个人信念的延伸，实践在这一意义上允许治疗师充分表达，并为来访者提供服务，而不需要将来访者的问题转移到预先制定的理论中去。同时，治疗师在与来访者沟通的方式上也有了更大的可能性，使他们从规定的询问和强加的解决方案中解脱出来。

重点是"与来访者在一起"：这是为了建立一种关系，来访者可以更容易地、更自由地描述他们的生活经历。存在主义的实践者并不渴望治愈，甚至是行为的改变。相反，他们提供了一种关系，为来访者提供了一个机会，使他们能够反思自己所遭遇的困难的本质，以及找到其他可能的方式来回应他们如何活在这个世界上。斯皮内利（Spinelli，2007：111）对此有如下描述：

治疗师既是所有为定义作出贡献的其他人的代表，又是来访者其他建构的维护者，同时，治疗师也是挑战来访者当前其他建构和维护来访者当前世界观的那个人。

治疗师的责任是需要清楚他们能在治疗中提供什么。治疗师需相信只有来访者才能选择他们将如何生活，这一信念是比解释更好的准则：治疗师必须避免试图为来访者的困难提出改变建议或补救措施。当承认自己既不能也不愿意为来访者提供简洁的答案时，治疗师应该鼓励来访者将自己视为自己生命的著作者。

38

来访者的角色

来访者应该了解治疗师的意图，在此基础上，更容易描述来访者期待的参与类型。

治疗师会简要地解释一些关于其工作方式的基本假设，例如，他们希望有助于澄清为决策提供信息的假设和价值观；或者他们从来访者关心的角度来开诚布公地表达他们之间的关系。直接告诉来访者解决方案或治疗的概念是有用的，因为这些不是治疗的目的。每个来访者都必须找到他们自己的、个人的在这个世界的存在方式，并让他自己选择如何面对人生旅程中普遍和独特的挑战。向来访者解释这一点可以为他们进一步的咨询打开大门，了解他们的期待是什么，以及他们如何才能最好地进入一个他们所希望的解决问题的过程。

一旦治疗开始，来访者将会对什么是他们所期待的、怎样工作对他们是有效或无效的形成一种认识。这些发现可能和治疗过程本身或与治疗师的关系相关。

在那些对感知产生重要意义的理解或转变的场合，反思发生了什么事情以及这是否是来访者愿意思考和探索的结果是有用的，这进一步证明了治疗师和来访者的参与是如何服务于治疗目标的。

此外，当来访者不愿意参与时，这对治疗师来讲也是一个与来访者一起发现什么是阻碍他们工作的机会。这再一次说明，对于来访者，参与的质量以及治疗的质量，在一定程度上，是他们自己促成的结果。

最后，决定治疗是否有效的是来访者角色，事实上，这是他们的义务。如果说治疗有什么教育意义的话，那么意义就在于，来访者的思考是如何在一定程度上澄清他是基于什么来选择生活方式的。

39

合约与边界设置

有趣的是，我们在和他人的接触中都有隐含的契约和界限：在公共汽车站排队（至少在某些国家）时，排队等候是礼貌的：当你第一次见到某人时，你可能会被期待与他握手。这些没有说出口的协议是社会和协作的惯例，使我们能够在社会中略显优雅地前进。

刚才所提到的例子都视情况而定，它们是灵活的，可以随时修改，并且在大多数情况下，如果违反了这些规则，不会产生很严重的后果。

正如生活中的一样，治疗中的合约和边界设置是配套的框架。斯皮内利（Spinelli, 2007）将它们比作"神奇的羽毛"，因为在同名漫画中，小飞象（Dumbo）相信羽毛是它飞行能力背后的秘密。而合约旨在明确具体设置和会谈的规则和条件，并通过建立一种让来访者感到安全的框架，鼓励来访者进行初次自我暴露。然而，精神治疗合约本质上是严格的，完全尊重专业组织的指导方针。它们有助于澄清期待和目的，以及不遵守合约的后果。在某种程度上，它们可以减轻人类每次相互接触时所固有的焦虑，但这种紧张状态肯定永远无法消除：协议各方都可以改变主意，即使没有任何警告。在这方面，咨询合约与所有其他承诺非常相似。

合约规定了会谈的实际性，例如日期、时间、保密性、持续时间、付款、缺席以及来访者或治疗师认为必要的任何其他规定（例如，在咨询室内禁止吸烟）。如果涉及某个机构，则可能还有针对具体议程的其他条件，例如戒除非法物品。此外，如果专业注册机构对合约有要求或建议，还必须考虑该行业的法律要求。

IOO KEY POINTS
Existential Therapy:
100 Key Points & Techniques

边界是合约协议中更为明显灵活的部分。这些可能包括在预定的会谈时间之外的接触、与其他卫生保健专业人员的关系或阅读、审查书面材料的政策。

在整个治疗工作中，合约的界限和要素都是需要讨论的：事实上，治疗师和来访者之间通过协议确定的合约和界限本身就是治疗过程中不可分割的一部分。这为双方提供了一个明确的机会来承认他们的价值和期望，并通过协商来认识到这些。几乎不可避免的是，在治疗开始时设定的条件将受到无意或有意的违反，并将因各种原因要求进行修改。

这个过程反映了生活中发生的事情：我们达成协议和承诺；然后事情会改变，人会改变，我们必须决定我们自己或是他人如何回应新的要求和需求。关键在于，无论约定的合约条件是什么，无论合约发生了什么变化，双方都必须参与到合约的建构、解构和重构之中。

第三部分　存在主义现象学治疗实践

<u>40</u>

存在主义视角下的评估

"评估"（assessment）一词并不容易与存在主义的态度相吻合：它很难表明什么需要被测量，因为人类最终是不可知的，而且在不断变化。科恩（Cohn，1997：34）指出，没有所谓的来访者的"历史"，因为这种历史是在与治疗师互动过程中以一种唯一的方式被揭示出来的。因此，对他来说：

这意味着"评估"不应存在，因为"评估"暗示了客观情境与实施评估的时间、地点和治疗师的贡献无关。

一个正式的评估会立即将治疗师树立为一个努力治疗的领导者，同时也树立了他主导的世界观，以及他是治疗过程中的"专家"。此外，在正式的评估中会尝试隔离来访者世界观的某个特定方面，我们不可避免地会扭曲这个方面，并忽视它的重要性，这只能从探索它所属更广泛的情境中来确定。

然而，初次或介绍性的会谈是一个可以发现参与其中的两个人是否愿意一起工作的机会。在这次会谈上，存在主义治疗师会解释他们对治疗工作和合约的看法，这可能引发来访者对于和治疗师一起工作是否合适的思考，以及治疗师是否是他们想要寻求帮助的类型。

这样的会谈可能会引起双方的焦虑，因为生活中两个人的第一次相遇也充满了担忧：两个人都会为自己的安全考虑；对于接纳、确认、支持，甚至是否志同道合

100 KEY POINTS

Existential Therapy:
100 Key Points & Techniques

的考虑是最重要的。两个人是否互相喜欢不是必需的，但有必要考虑他们是否愿意并能够互相倾听。

第一次见面时的焦虑可能是有用的，它也许是来访者在处理关系上出现问题的证明。治疗师的焦虑表明了关系和选择的本质：是否选择继续合作是双方的责任。这是一个可以在这一部分结束时提出的问题，任何一方或双方都可以决定在安排进一步会面之前考虑这一问题。

治疗师很有可能以和任何治疗一样的方式进入会谈：以专注和在场的态度。凭借这一点，它可以被认为是"工作"会谈。询问来访者的期待是一种常见的做法，但在这里可能会适得其反，因为它似乎鼓励了一个固有的创造性过程的固定视角。选择进入治疗的基础是探索而不是做出任何承诺，可能是令人生畏的，但这非常像我们面对任何承诺时的不确定性。

在某种意义上来说，在存在主义治疗中使用的评估可以被视为一个考量和重新考量个人选择的机会，特别是在时间的背景下，因此评估是整个治疗的一部分，而不是一次性事件。

41

存在主义心理治疗的目标

尽管大多数存在主义实践者都不愿过于严格地定义自己的方法，但对于存在主义治疗之整体目标的普遍共识是"通过促进来访者拥有真实生活的能力，帮助他们过上更满意、更充实的生活"（Cooper，2012：50）。当然，人们对于真实的生活方式是什么样的存在不同意见，存在主义治疗的目标也因治疗师所持的特定立场而不同。例如，一个关注存在的关系的治疗师，可能想要帮助来访者探索他们在世界中与他人共处的方式。另外，受弗兰克尔（Frankl，1980）和意义疗法影响更多的实践者，可能会鼓励来访者去发现赋予他们生命意义的东西，以及去照亮他们生活中的特定计划。那些在方法上非常忠于现象学的人除了来访者建立的目标外，对设定任何目标都很谨慎。然而，尽管从不同的起点出发，大多数存在主义实践者都认同，他们的广泛目标是帮助来访者探索他们的世界观，并帮助来访者澄清世界观的影响，因为它揭示了他们对既定存在的参与方式。

生存的既定事实可以分为两类：第一类是每个人都会遇到的普遍条件，比如时间性、死亡、自由等；第二类是"既定的环境"（Cohn，2002：45），这些都是我们过去就有的面向，即是"被抛"的后果，例如父母、国籍、生理特征。"被抛性"反过来也包括我们的历史以及我们之前的选择。

在来访者世界观的反思过程中，随着他们对世界观的可能性和责任变得清晰，来访者可以决定是否以及如何修改他们对那些既定事实的反应。来访者常常很难区分哪些是他们可以改变的，哪些是他们不能改变的。焦虑就是这方面的一个例子：存在的焦虑是生活的一种状态，我们对它的反应正是我们可以行使自由所在；想要

100 KEY POINTS

Existential Therapy:
100 Key Points & Techniques

摆脱焦虑的来访者也必须摆脱生活和选择，这是一种相当具有自我挫败感的选项。

对于存在主义治疗师来说，症状的消除或治疗不是目的；事实上，问题或症状是一个必要的指示器，因为它可以让我们找到问题的核心所在。一个因呕吐恐惧症寻求帮助的来访者，可能会在检查了恐惧症的积极和消极后果后决定，他不再有兴趣摆脱它，而是感觉能够接受它并将其作为使他从中受益的世界观的一部分。改变他对恐惧症的态度对他的健康会产生积极的帮助。

世界观的所有面向都是相互关联的：来访者努力尝试维护其世界观的所有组成部分，因此，任何一个方面的改变都会产生深远的影响。存在 – 现象学过程的好处在于能让来访者找到新的觉察，即他们在面对人类困境的选择中有能力去识别损失和收益。这些会影响来访者自己，以及他们的整个世界，同样的道理也适用于任何观点和行为的改变。

正是由于这些原因，治疗师在审视改变的选项之前，与来访者一起去理解他们的困难。正如上面强调的，常常产生的新意识或新观点就是改变，但行为没有明显的变化：来访者对支持他们选择的策略有更深刻的理解，他们会对这些选择负责，并且理解如果认为这样不对，他们可以有不同的选择。

第三部分 存在主义现象学治疗实践

42

治疗接触的核心

存在主义治疗师主要关注如何去做，而不是做什么。治疗接触（therapeutic encounter）被看作是一个反思的机会，而不是一个去分析来访者的行为、思想或感觉，给他们贴标签，以及总结其因果关系的地方。

在与来访者相处时，治疗师允许关系成为一个无虑和安全的环境，在这种环境中，来访者在世界中的生活被公开。治疗师只关心世界观的显露和打开，并接受它当前的形式；治疗师没有改变来访者观点的目的，它们被接纳为来访者的现实生活。

治疗师作为在场的他人的存在，允许来访者暴露他们对于关系的看法：他们对自己如何被感知、如何看待他人以及自己如何在人际关系中表现自己的假设和期待。随着来访者和治疗师之间关系的发展，来访者的经历被治疗师看到和接受，这促进了来访者对治疗师的信任：来访者可能更愿意用他们欺骗自己的方式或与他们自己的价值观和期望相悖的方式回顾他们的观点，因为在此基础上，他们不需要防卫或理性地看待事情。通过采用对话的态度，治疗师鼓励其来访者与自己及治疗师进行"真实的对话"（Farber，2000）。他们存在的所有方面都被探究——情感、信仰、价值观、思想、观念、行动等，并被视为一个动态整体的一部分（Cooper，2003）。

作为"现在的他者"（present others）（Spinelli，2007），治疗师再现了所有存在于来访者世界的其他关系：来访者－治疗师关系与这些其他关系相似但又不同。如何和为什么会出现这些差异和相似之处，有助于澄清世界观及其各方面的矛盾和模糊不清的部分。

IOO KEY POINTS
Existential Therapy:
100 Key Points & Techniques

治疗接触的直接经验是了解来访者观点的有力途径。对涉及治疗关系的期望和假设的审视，并将其与来访者实际所体验到的相比较，可以促使来访者对这些态度即使不修改，也会重新进行考虑。在任何情况下，来访者都因治疗师的存在而受到挑战，对接触质量的调查是揭示价值和假设的核心。亚隆（Yalom，1980：91）强调治疗接触的重要性，他认为：

是关系产生了疗愈作用，是关系产生了疗愈作用，是关系产生了疗愈作用。

与来访者待在一起，或是以一种纯真的态度与来访者相处给予了来访者听到自己和挑战自己的空间：在没有了想要以改变他们为目的（即使是为他们好）的强制力量时，来访者会发现在这种情形下自己的责任。假设治疗师愿意对这种关系保持开放和透明，那么这样的治疗接触也可以向来访者证明一种生活的真实模式。

由咨询师共在（being-with）所辅助的澄清性和描述性探究正是治疗需要做的工作。无论来访者是否选择保持、修改部分或全部假设，这不是治疗师所关心的：治疗师希望的是，就来访者而言，对情境的评价是他们共同努力所得到的一个有意义的结果。

第三部分　存在主义现象学治疗实践

关键治疗任务

43

探索四个世界

存在的四维模型指引着我们对人类存在进行思考的方式——这种方式是描述性的而非规定性的，用以标记一个人在世界中所处的位置(Deurzen & Kenward, 2005)。存在主义实践者不会用很明显的方式使用这四个维度，也不会直接询问来访者他们对任何维度的体验。相反，当来访者提到这些元素时，再探索来访者对每个维度的立场。

周围或物质世界：在这个维度中，我们通过所有的物质层面以及其所暗示的一切与这个世界相遇。这里主要是围绕寻找四个元素中哪个占主导地位（如在技术或体育领域）以及为接受自然边界限制的需求而努力（包括老龄或生态学）（Deurzen & Adams, 2010）。确定的两极是生与死、健康与疾病、快乐与痛苦。我们用我们的身体与包含所有元素和人的环境互动。我们的感官产生知觉，我们"使用"那些我们认为能提供安全和舒适的工具。探索来访者的物质世界，可能会揭示他们为自己创造和维护身体安全所做的努力、对身体的掌控感或缺乏掌控感、对衰老的恐惧，以及否认身体需求的倾向。

人际世界或社会世界：我们是与其他实体互动的实体——这是社会世界领域。亲密关系不仅仅属于这一类，同时也延伸到了个人层面。这个维度涉及我们"每天的邂逅"，而这是我们人际世界的一部分（Deurzen, 2002：68）。在这一维度一些相对的两极是归属和孤独、爱和恨、接纳和拒绝。在这方面，我们寻求交流彼此的价值观，并通过与他人的合作实现这些价值观；如果这遭到阻碍，我们便会与他人产生冲突。交流（communication）在这个领域里代表了我们进入社会、促进合作的方式。在治疗方面，社会世界体现的特点包括来访者对他人的感受以及他们的动机和意图、来访者在亲密关系中分离和融合的感觉、与他人交往的方式（主导还是服从）和在多大程度上他们在这个社会中感到孤独或拥挤。

自我世界或个人世界：这个维度涉及个人和隐私领域，包括人格、性格、过去的经验和身体的可能性（Deurzen & Adams，2010），以及情感、性格特征、思想和抱负。在这个维度，一些相对的两极有同一性（identity）和混乱、完美和不完美、自信和怀疑。这是亲密感、归属感和所有权的场域：虽然我们总是处于关系之中，但这是我们体验隐私、了解什么是我们已经知道和认可的地方。在这个维度，我们了解了我们的强项和弱项、局限和潜力。那些与我们最亲密的人被放在这个领域，因为我们与那些人一起体验亲密和安全的感觉。对这个世界的探索，围绕着来访者自己的感觉、感知到的优势和劣势、自信程度、对他人的责任感、对待自由和选择的普遍方式、对归属和差异的感受，以及作为一个人脆弱的地方。

精神世界：这是关于意义和目的的领域，关注未知、对存在主义架构的感觉、我们与信仰或价值观的关系。对一些人来说，这个维度是关于宗教的，对另一些人来说则是关于精神上的或价值观的。在这一维度上，对立的概念，包括意义和荒谬、目的和徒劳。这是终极价值和理想的范畴。这通常是来访者意识之外的世界。我们的价值观、信仰和理想倾向于融入我们的世界观———一些我们很少去打破或明确考虑的东西。承认精神世界被认为有些过时了，甚至觉得是怪诞的，结果是许多人把自己的理想和信仰一起扔掉了，而且人们的价值观经常是混乱的和令人困惑的(Deurzen，1998)。作为治疗努力的一部分，关注这个世界是很重要的。存在主义治疗的一个关键目标是使来访者有能力去澄清和确认自己的理想和价值观，并按照这样的生活方式生活。当一个人对存在、整个世界、宇宙的运转或有意义的表达出兴趣时，这些都是与精神领域相关的主题。在这里，我们可以辨别出一个人是如何理解世界的，并为了解所有相关领域提供了一个框架。

第三部分 存在主义现象学治疗实践

在与来访者的对话中，治疗师会从中找出这四个世界中的哪一个在当时是突出的，哪一个被忽略了，或者被降至次要地位。其目的不是让它们平衡，而是可以通过这些被强调或是不被强调的部分反映出来访者的世界观和存在方式。

44

来访者世界观的映射

我们的世界观由我们对自己、他人和世界的态度、期待和假设组成。通过将这种意义、信仰和价值观的架构强加给世界，我们试图弄清楚它，使它成为我们可以预测和依赖的方式。如果没有世界观，我们将被抛入这个不断变化并且没有任何内在实义的世界，陷入焦虑和绝望的旋涡。

正如斯皮内利（Spinelli, 2007：23）所指出的那样，我们的世界观"提供了一种基本的结构，通过这个结构，我们在世界中因不确定性带来的全部影响可以被部分抵御和减轻"。因此，来访者构建世界观的方式与治疗过程非常相关，因为它帮助我们了解了他们如何在那个特定的时刻选择处理这种固有不确定性。

来访者能够反思她对既定存在的反应，也有机会修改这种反馈，或者再次选择他们当前的策略。例如，她可能会明确且绝对地表示，如果不知道自己的储蓄账户中至少有 6 个月的薪水，她永远无法应付。她可能会相信，如果没有这张安全网，她会非常害怕经济困难（她肯定会因此失去家庭和独立），以至于她根本无法生存。在治疗检查中，她对不确定的未来这种本体论现实做出回应的方式，突出表明她的应对策略限制了她，比如阻止她接受旅行的机会，或阻止她开展期待已久的可以为她提供完整假期的新工作。这种认知会鼓励她对自己的财务状况采取不同的立场，从而改变她处理焦虑和未知的世界观。或者，她可能会认为，她的立场所造成的固有损失是一个值得付出的代价，因为这样的认知带来了"内心的平静"和"安全"。不管怎样，这种探索让她能够承担起一种选择的责任，她现在能够完全理解这种选择的所有影响——无论是积极的还是消极的。

第三部分 存在主义现象学治疗实践

从存在论的角度来看，存在表现在我们作为存在者的反应中。经常探索我们对事物的本体反应是非常具有挑战性的，是很容易引起焦虑的。这是因为这个过程可能会暴露我们赋予事情意义时的裂缝，而这些意义便是"世界观尝试构筑的世界"（Spinelli，2007：26）。换句话说，这是我们理解世界上发生了什么，特别是我们身上发生了什么的方式。因此，我们会非常抗拒任何挑战我们根深蒂固的或沉积很深的意义的尝试——甚至我们会无视或分离那些会给我们带来挑战，让我们以不同方式思考的经历（Strasser & Strasser，1997）。举例来说，如果一个来访者将伴侣的占有欲和嫉妒解释为"仅仅是表达自己有多在乎对方的方式"，那么他可能会发现自己很难认可伴侣的行动或行为，而在其他人看来，这显然表明他不关心来访者的幸福。失去伴侣关心的"现实"威胁，让他们看不到伴侣行为背后的其他含义。

存在主义治疗师必须意识到，解构和审视来访者的世界观可能对来访者产生的影响。这样的工作需要保持好奇心和敏感性，并且跟随着来访者的节奏走。治疗师必须确保在这一过程中留有空间，以给来访者建立或灌输可能的意义，以面对不稳定和坍塌的世界观。他们也必须尝试"陪伴来访者""站在来访者身边"和"接受当下存在的另一面"（Evans，1981），把自己的世界观、价值观和信仰放在一边，从而使来访者去思考他们的世界观，以使其生活的更真实。

治疗师如何促进来访者世界观的转变是一个有待讨论的问题。然而，存在主义治疗师普遍认为，这一过程中的一个重要（如果不是最重要的）工具是治疗关系。当然，所有的既定存在都是相互关联的，就像世界观的所有方面一样。因此，如果其中一个受到影响，那么其他所有方面都会受到影响。所以，从治疗关系中的来访者角度出发，治疗师有必要对来访者世界观的其他方面进行更广泛的探索。

这个过程可以描述为来访者世界观的映射。普遍的条件或既定存在——不确定性、时间性、被抛性、具身化、焦虑、调和、死亡和有限性（finitude）——将通过来访者参与和回应它们的特定方式被揭示。这种探索有助于理解来访者的情况：他们是如何在世存在的。然后，来访者可以站在不同的位置上选择修改、放弃或保持他们的观点。然而，这种理解不是最终的，也不是全部。正如科恩（Cohn，2002：57）所指出的："在这种治疗中，理解会不断增长，但永远不会完成。"

100 KEY POINTS
Existential Therapy:
100 Key Points & Techniques

45

调整情绪

　　情感和情绪长期以来一直是哲学和科学辩论的主题。亚里士多德试图确定一份明确的情绪表，而达尔文推测，情绪要追溯到更久远、原始的生命中。在世存在是存在的某种方式：我们发现我们自己在这个世界上，通过情绪和情感来适应它。

　　存在主义实践者尽量不将情绪划分为积极的或消极的，他们更倾向于仅仅将其视为来访者世界观的表现。情感依附于一种情境，无法转移到另一个时间或空间。感觉只属于来访者所处的那个情境；感觉告诉我们关于来访者的世界的一些事情，以及来访者是如何存在于那个时刻的。因为感觉既不完全是由我们周围的世界造成的，也不完全是由外在世界造成的，所以它们是理解来访者存在方式的最佳路径之一 (Deurzen)。

　　来访者通常一开始就会去接受治疗，因为他们正在与一系列的情绪或一种压倒一切的情绪作斗争，这影响了他们感受其他情绪的能力。然而，情绪并不是我们需要克服的非理性的麻烦，相反，它们是我们怎么样在这个世界生存的有价值的路标。学习遵循这些路标，而不是忽略它们是一个重要的生活技能，允许来访者建立布伯（Buber，1958）描述的对他们自己的我 – 你的态度——意识到其存在的所有不同方面，包括他们的情绪，并能接受情绪是他们不断变化的应对世界方式的一部分，而不是永久的特质或缺陷。

　　因此，库珀（Cooper，2012）建议，存在主义疗法的目的不是要改变来访者的初级情绪（例如悲伤或愤怒的感觉），而是更多地理解和改变他们关于这些情绪的次级感

第三部分　存在主义现象学治疗实践

觉（例如，因为生气而感到羞愧，或者由于软弱而感到悲伤）。来访者往往没有完全意识到这些次级感觉，或者可能误解或否认它们。存在主义实践者会争辩说，情绪是存在的单一维度：抑制一种情绪的代价是使所有的一切都瘫痪（Bugental，1978）。

对正在经历的情感的治疗性探索有助于识别来访者世界观中正在起作用的元素。例如，如果来访者生气了，说明他们正在对某事生气；当他们回顾他们为什么事情而生气的时候，价值就显现出来了。例如，如果他们对被忽视感到生气，那可能是因为他们有一种信仰、一种期待、一种价值观来告诉他们这些是值得考虑的。如果这一价值观没有实现，那么他们将会面临失去的威胁（他们想要的），并变得生气。

在关于情绪的治疗对话中，存在主义治疗师会提出一个天真的问题："是什么X（人、事、观念）让你成为Y（高兴、生气、悲伤等）？"这种未知的立场使得回答范围扩大了很多：答案可能会让双方感到惊讶；当然，他们的回答并不是完全或最终的理解，而是进一步询问的开始。

因为"在世存在"是一种持续的活动，因此情绪也在不断变化。因此，一个启示将导致另一个启示。在某一时刻，这种探索的方向将会消失，而一些对启示的反思却会发生。

这个过程可以看作是"调入、调出"模式（Strasser & Randolph，2004）。当在治疗环境中戏剧性地表现出情绪时，"调入"方面的询问是恰当的；"调出"是探索经历的意义和重要性的机会。这方面的询问不是线性的或连续的，而是一种可用的探究途径。

虽然没有任何一种情绪对我们来说是完全陌生的，但重要的是要认识到，虽然我们都是在某种感觉状态下在世存在的，但这种情况对每个人来说都是特别的。我们每个人都有一个独特的视野，虽然可能有一些会重叠，但不能假定我们中的任何一个人都能确定或预测别人的情绪反应；此外，由于我们是易变的实体，在成长的道路上，没有人能确切地知道我们自己的反应将是什么，因为每一刻都是短暂的，"自我"是一个未完成的项目。

46

存在、即刻、我－你态度

存在主义治疗的重点在于共在的质量：正是这种质量，给来访者一个宽敞的空间和场所来倾听自己，并探索他们的观点。

治疗师的关注和接纳所带来的安全感能够促进一种更开放的参与：接纳并不意味着同意，但它却表明所有关注的东西都被认为是适合讨论的。

根据现象学的态度，存在主义治疗师处于一个更好的位置，可以清楚地倾听来访者是如何体验他们的世界的。这种"不知道"的态度（Spinelli，2007）阻止了治疗师想要强加给来访者理论、权威或想要帮助他的愿望，同时还加强了来访者对治疗师的信任，使治疗师更容易邀请来访者关注当前的对话：这种挑战会产生戏剧性的效果。这种讨论的结果可以根据来访者在更广泛的经验背景中的实际情况进行检视。

在某种程度上，治疗师可以"暂不考虑"自己的潜在意图，比如需要展现能力或产生切实的结果，他们可以在互动中彼此借助力量，这可以被称为"存在"。布根塔尔（Bugental，1987）指出，在这些情况下，治疗师更彻底地"存在于"情境中，成为一个积极的参与者，最重要的是，成为一个受影响的参与者。在这种情况下，实践者也更有可能披露他们是如何受到这次对话的影响的：这再一次产生了能促进真诚反思的"共在"。

当来访者意识到治疗师不仅被他们的故事，而且被他们深入参与进来的勇气所感动时，他们会感到很惊讶。因为从某种程度说，来访者有能力并且愿意去做这些事情。

第三部分 存在主义现象学治疗实践

马丁·布伯（Martin Buber, 1958）详细描述了一种共在的态度，他称之为"我－你"（I-Thou），与这种态度相对应的是"我－它"（I-It）。"我－它"的关系是主体和客体之间的关系：疏远、分离、缺乏互惠。例如，认为来访者"自恋"或"在儿童模式下运作"的治疗师，把他视为一个可以归类、分析和修正的实体。但是，"我－你"关系会认为一个人是不可分类和不可分析的，因为这是他自由选择的（Cooper, 2003）。这种关系超越了主体，它是一种对对方完全开放的关系。这需要双方在当下对话，没有任何假设、理论模型或成见。

这个立场是有很高要求的，布伯认为不可能一直保持"我－你"的立场，有必要采取一种更机械的方式。制造这种立场也是不可能的：它是情境性的，治疗师只能对这种互动持开放态度，通过专注于共在的当下，为这种可能性创造机会。

存在主义治疗师试图抛开将来访者视为可以被治疗师的世界观塑造、说服或教育的"其经验和自我意识的对象"的诱惑（Spinelli, 2005：123）。相反，他们关注的是在关系中产生的共同意义，以及对对方"差异性"的相互尊重。

这种接触的后果是，当我们以这种方式被"了解"，并且我们以这种方式"了解"另一个人时，两个人都会发生改变。两者的视角都发生了变化，对自我和他人也有了不同的理解。这种新觉察的参数不容易定义，也不一定给人安慰。在别人不同的价值观、信仰和生活方式中，试图坚持"我们既完全独立，又不可避免地处于关系中"的矛盾观点，可能会让人感到不舒服。

47

使隐性部分成为显性部分

在任何叙事中，参与者并没有意识到其隐含的所有东西，通常只会关注到故事的一个方面，然后逐一拓展其中的意义。作为双人对话中的听众，治疗师有可能分辨出与来访者观点相关的一些假设、价值、期待和抱负。治疗师可以通过将以前的报告建立联系，或者专注于当下的叙述，来将注意力集中到这些元素上。

这种输入应尝试将这种信息作为进一步澄清或更正的邀请。这样的观察或问题应该与来访者自己（有意识）披露的内容相关：它们是对已经暗示但没有直接陈述的东西的一种提炼。在他们所有的干预中，存在主义治疗师会聚焦于当前的经验，反对解释或推理的倾向。只要将来访者的注意力吸引到他们正在体验的某个方面或元素就足够了。

让来访者注意到他们是如何把自己的故事联系起来的也是很有效的：强调的手势、情绪的表达和说话音量都会传达出某种意义，这些含义可能无法用语言表达或被意识到。为来访者指出这些方面，也就是去聚焦于在其意识之后的背景中可能存在什么。再次申明，这是出于好奇心，比如对肢体语言的好奇，并未使用模型和理论，反而是在为来访者提供探索的机会。

通过这种干预措施，以已经提出的共在质量为基础，是没有错误的：它们是更深层反思和澄清的机会。如果治疗师理解错误了，那么它打开了一个意想不到的探索通道。如果治疗师对来访者的意图和信念有充分的理解，这将有助于加强治疗关系，并有助于更清楚地认识来访者的意图。

第三部分　存在主义现象学治疗实践

　　这也是一个来访者和治疗师考虑他们的关系状况，以及什么阻碍或促进了他们对彼此的理解的结合点。通常情况下，来访者会用一种能够促使他们成为自己希望成为的那种人的方式来向治疗师讲述他们的故事。这也是一个提问的来源：实践者会按照他理解的这个抱负表达出来，引发关于来访者的世界观的讨论。

　　任何人都不可能以统一的方式完全意识到他们所持有的所有假设和期望：世界观只会在任何既定时刻部分显露出来。当隐性变成显性时，在视角和理解上它们通常会以最合适的比例发生变化，这对治疗师和来访者都是真实的。

48

选择与改变

从存在主义的角度来看，做出选择涉及拥有选择的所有权——做出选择时要知道自己需要为此承担的后果（或多或少），并认识到你可以自由选择其他方式。一个指责别人让自己做出选择的来访者，是在否认自己的选择，无视自己拥有的自由，本质上是在背信弃义。正如德尔森和亚当斯（Deurzen & Adams, 2010: 89）所指出的：

> 所有存在主义工作的一个基本原则是，向来访者介绍或重新介绍这样一个事实，即他们不仅投身于发现自己的境遇，还可以为改变现状承担责任。

任何选择都伴随着失去：机会消失了，我们排除了一个选择来实现另一个选择。即使这个选择看上去似乎是"清楚的"或"正确的"，我们必须选择一种而放弃另一种，这一事实也深刻地提醒我们，我们不可能拥有一切。有时，来访者会与这种现实作斗争，避免做出选择，甚至拒绝做出哪怕是很小的承诺，因为他们担心自己会犯错，或不可逆转地缩小选择范围。存在主义实践者指出，即使是被动地不去做选择，实际上也是在做出选择，并可能对这些试图避免选择的来访者导致具有同等或更大意义的后果。

每一个选择都有着不确定性。我们也许能够以某种程度的准确性预测结果，但由于我们的视角和知识总是有限的，经常会有我们无法预测的突发事件。从这个意

第三部分　存在主义现象学治疗实践

义上说，萨特认为，没有错误的选择——它只能在事后回想中认为是错误的（事后诸葛亮），但选择在这些条件下是无法做到的。

就像意义的无限排列一样，我们的选择是什么基础都没有的：在许多情况下，我们通过各种理由和证据的迷宫，综合各种选择的利弊，来证明选择这个还是另一个；最后，并没有什么合乎情理或令人满意的，我们只得到了遗憾。

当我们试图把做决定的责任转移到其他地方时，我们可能看起来是无辜的，但却充满了内疚和怀疑。当我们勇敢地站在那里充分认识到我们的自由时，我们感到孤立：只有我们在负责任。难怪我们对任何重大决定都感到不安：不管怎样，这都将是痛苦的。

来访者经常在他们感到无法选择的情况下接受治疗。有些情况下确实别无选择：绝症、失去爱人。我们遇见这些实际情况，只有采取一种态度，即把意义赋予这些具体的事物，我们才能行使判断力。

在这种情况下，治疗师可以和来访者一起探讨他们对不可能经历的事情的反应；这些事情可能是存在主义中的既定存在，如死亡或具身化，或来访者生活情境的个别场景，比如他们出生的时间或地点，或他们先前所做决定的后果。它通常有助于澄清选择中所包含的价值和希望，以及仍未实现或妥协的期望。存在主义疗法可以帮助来访者更清楚地区分哪些是他们可以自己选择的，哪些是不能选择的。

当来访者面临困难的选择时，特别是在选择不同的行为时，在尝试修改当前倾向之前考虑选择的内容会更有效。这有助于认识到吸引当前选择的内容：正在实现的价值是什么，世界观的哪些部分正在得到捍卫和支持。例如，一个来访者想要戒烟可能会鼓励他去思考吸烟对他来说意味着什么，它有什么好处，它是如何支持到他的价值观或信念的，它帮助他避免了什么等。一旦他对所要放弃的选择有一个全面的了解，以及这个选择会给他带来什么风险，他才能做一个真正的选择来决定是否继续这件事。

治疗师的角色不是去推断哪种选择或决定更好：相反，他们必须通过注意到什么是他们无法避免的选择来支持来访者，这是不可避免的。这是萨特（Sartre，1958）建议的结果，即我们注定要自由。

治疗师可以给来访者提供机会以讨论既定选择或所期望的变化中的焦虑：这并不是缓解不适的承诺，而是可以使得奋斗变得有意义，并根据他们最珍视的意图和愿望在生活中进行有创造性的努力。

存在主义治疗师所希望的变化是来访者主动开始"选择存在"（Cohn，2002：62）：这不是就做一次的选择，而是来访者会反复面对的选择。

第三部分　存在主义现象学治疗实践

49

创造或寻找方案、意义和价值

我们对于意义的感知并不是单一的，而是由我们的价值观和寻求实现这些价值观的方式所组成的。当意义发生危机的时候，许多人会有一个共同的感受：我们曾经对生活的理解让我们失败了。当一场灾难性的事情发生时，我们会对所有或最重要的价值观产生质疑，我们会感到毫无颜面、脆弱无助和失去方向——我们开始质疑存在的意义，甚至是存在本身。心理健康从业者用很多方式来描述这样的经历，比如抑郁、焦虑等，具体情况由个体所遭受的影响程度而定。通俗地讲，我们谈论的是"遭遇崩溃的事件"或者"经历一场存在危机"。

需要注意的是，这些危机不是精神层面的心理现象：它们是在世界之中以及关于这个世界的。危机的发生与我们的世界相关，如果没有这个世界，就没有问题。

我们认为我们赋予世界的意义和价值是理所当然的，而且这些意义和价值成为了指引我们生活的指南针。当我们说服自己"我们在这里是为了履行上帝的旨意"或者"我们来到世界上是为了改变管理他人的方式"时，我们更容易生存下去。但在某种程度上，对于我们所选择的这些意义的盲目吸纳，使我们避开了这样一种最基本的观念，即我们的存在是任意的，没有任何一种意义是固有的，这本身比其他任何一种认识都更加"真实"。然而，这种舒适感（comfort）并不牢固，需要付出代价。例如，如果我认为为他人的幸福做出贡献是一件很重要的事情，那么我活动的意义就在于实现这个目的。如果这个目的没有被他人意识到，或者不被欣赏，或者出现了出人意料或负面的结果，我的目的感就会被削弱，甚至可能被否定，随之而来的泄气和无价值感便会产生。

100 KEY POINTS

Existential Therapy:
100 Key Points & Techniques

存在主义治疗师在与出现了存在危机的来访者工作时，旨在帮助他们去选择一种新的意义，去发现一个值得活下去的理由（Frankl, 2004）。这是一段充满挑战的旅程，来访者需要得到支持，因为他们正在勇敢地面对失去过去主要生活方式这一事实。同时他们也需要空间和鼓励去探索其他的意义，这反过来也会让他们具有更多的可能性以做出其他选择或者方案，比如事业、娱乐、家庭、关系等。

正是因为我们存在于这个世界，一个"方案"（project）才变得很有必要：我需要塑造和影响这个世界，因此它也变成了一个就像我支持它一样支持我的社区。我想要给"自我"一个身份，仅仅是为了想把我和这个世界的其他人和其他生物区分开来——"我比……更聪明""我没有比……更无能"等。这样的探究发生在所有维度的存在中，在精神领域尤为突出。它其实是我从另外三个维度池里自己创造的意识形态结构，并按照我的理解提供的存在地图。就像存在一样，这样的理解不是终极的或是全部的：它是由经验重新构建的。

当治疗师帮助来访者探索生命对于他们的意义时，治疗师会让他们思考对他们来说什么是重要的，在他们看来，什么是对的，什么是错的，他们是怎样评价他们存在的不同方面的。在做这些的同时，治疗师也会让来访者去考虑他们与这个世界接触的质量。如果他们的叙述主要是涉及自我的，治疗师可以借机寻问来访者，他们是如何相信他们的意图得以影响他们眼前的事物和他们的全球社区的，然后接着鼓励他们认识到，这个世界和人的存在是密不可分的：这是发展和延伸意义、愿望和生活规划的一个重要方面。

我们的价值观、意义和方案的原材料是从我们所生活的社会、文化和历史环境中挑选出来的，我们从这些元素中创造出这些结构。它们都是被发现和被创造的。最终，来访者是不可能通过在角落里冥想来发现或创造他们的价值或意义的，努力参与治疗是可以找到意义的众多方式之一。

第三部分　存在主义现象学治疗实践

50

面对自由和限制

当来访者接受治疗时，他们常常感到压抑，而不是自由——例如，抱怨他们的伴侣"让他们"放弃了自己最喜欢的爱好，或者由于他们缺乏资历而永远得不到晋升。或者他们也许感到自由，但难以承认自由的限制，坚持认为他们只要敢想，足够努力，做出"正确"的选择，就能够"创造一切现实"或"克服一切障碍"等。最后，来访者可能不会认为当前的选择是有价值的，或者可能受到看似不好的选择的影响。

通过探索来访者关于其自由或缺乏自由的要求，存在主义治疗师鼓励他们认识到自欺有两种方式——选择相信他们没有自由；选择相信他们有绝对的自由。实际上，所有的选择都发生在这两个极端之间，真实的生活意味着认识到任何选择中的自由和限制，并在这种情况下做出选择。他们无法获得所有的选择，只能意识到少数的可能性，并且必须目睹其他可能性的消亡。治疗师还会帮助来访者认识到，最大限度的自由在于他们对所遇到的事情的反应，而不是环境本身。他们可能对伴侣离开他们的方式没有选择，但是他们可以选择对这件事的反应方式。

来访者对待自由和限制的态度，将以某种方式提高他们的生活质量：如果我们拒绝自由的负担和祝福，我们就放弃了自己的存在；如果我们选择应付自由和责任的挑战，就会陷入焦虑和罪责之中。任何一种经验都不能令人满意：我们不能放弃自由，我们注定是自由的；即使不经意间产生了不想要的结果，我们也要承担责任。

当来访者在考虑选择或方向时，他们可能会因为选择的不可避免而感到焦虑。在这些关键时刻，存在主义疗法可以帮助他们评估在这种情况下对他们来说什么是最重要的、什么是值得实现的，以及根据他们的价值和希望，什么是必须妥协的。

51

培养对真实关系中自我的欣赏

真实是一种通过坚定地面对，放弃习惯性的拒绝、回避和转移注意力的策略来参与存在的普遍性的方法。首先，真实是承认和接纳我们的选择，我们有局限性；其次，选择需要（在自由和既定存在的范围内）有意识和负责任，而不是随波逐流，盲目把一切归因于"现成的"存在，比如家族、种族或文化环境。

真实的自我不是关于"实际的"自我或"真正的"自我，这些概念并没有反映出人类存在总是处于一种变化的状态，而非一个固定的或静态的实体的内在本质。体验到自己"真实"是事后的意识，例如，我们可能会注意到，我们参与危机的方式是勇敢的，因为我们没有逃离或否认伴随这一事件的责任和焦虑（即使是一个快乐的事件也可能是一场危机）。"真实"不是通过奋斗获得的，它是"开放"的结果，是存在的可用性的结果。

此外，治疗的目的不是使得来访者"真实"，因为真实性不是一种存在的方式，它本身也不是一件好事或坏事。例如，来访者可能纠结于是选择挑战工作中的非法行为（忠实于他们诚实和公平的价值观，因此采取真实的立场，但冒着被同事排斥的风险）还是忽视这些非法行为（压抑他们的价值观，结果造成焦虑，但却可能"保持安全"，免受批评）。在这个场景中，确定一个真正的立场是"好"或"坏"，取决于是从来访者的角度（这可能是好的和坏的），还是从治疗师的角度（受治疗师自己独特的世界观影响）或从法律或道德角度来评估。在这种情况下，治疗师的角色是帮助来访者敞开心扉，接受呈现在他们面前的事物（Cohn, 2002），而不是试图让他们放弃自由和推卸责任。如果他们选择不采取最初看起来似乎"真实"的

第三部分　存在主义现象学治疗实践

立场,他们就会完全了解其选择以及这些选择的含义。可以说,他们是真实的不真实!

许多存在主义思想家（包括海德格尔）认为，不真实（如果我们指的真实是在道德上、实践上或法律上与社会标准保持一致）是一个更普遍的或自然的状态，因为我们天生是世界的，对他人负有责任，我们对自由的诠释影响着他人。我们可能告诉女儿，她的新发型让她看起来不那么有吸引力，这是真实的，因为这符合我们诚实的价值观，但同样，它可能会损害那些我们所持有的不会故意给他人造成痛苦的价值观。在这种情况下，一个真正真实的选择很难定义。因此，也许真实性和非真实性最好被看作是我们每时每刻都在寻求处理的一种张力。对于每一个选择，我们都要做出评估和决定。存在主义治疗为来访者提供了一个安全的空间，在这个空间里，他们可以应对真实与非真实的两难困境，并借此澄清他们的世界观及其所包含的价值观和信仰的相对重要性。

52

处理崩溃和危机

崩溃和危机是令人严重焦虑的时刻，但同时也是机会。在我们难以应对存在中突发事件的挑战时，就会表现出这些崩溃和危机：我们感觉到并明白我们有责任构建自己的意义和目的，我们的选择和知识是有限的，我们会面临更加痛苦的未来，并以一个不确定的死期为终结；而通过沉浸在忙碌中来减轻焦虑的程度是有限的。

在这些事件中，治疗师保持其现象学立场是很重要的：如果提出旨在减轻痛苦的建议，而不是努力去理解它，则弊大于利。来访者必须按照他们自己的节奏来完成这件事，试图掩盖困境根源的安慰将阻碍探索。

对于实践者和来访者来说与痛苦同行均是困难的。任何人对另一个人痛苦的反应都是试图将痛苦带走。与来访者坐在一起，感受他们的痛苦，帮助他们理解痛苦的来源、含义和教训，是存在主义治疗师的关键任务。

这些令人崩溃的事件中存在的机会可能会带来突破：来访者世界观的基础变得不稳定，可进行修改。需要鼓励来访者不要去否认、解释或分离那些破坏其世界观的根深蒂固的经历，而应该努力以某种方式适应这种经验，将其融入新的世界观。

我们希望，通过这些重大情况下不可避免的转变，来访者能够更多地接纳并认识到给他们带来焦虑和不确定性的世界观是任意的和偶然的，这样便能以一种更有创造性的方式自由地参与生活。

来访者不需要或甚至不可能立即调整其整个世界观，可能的是扩展这种结构的复杂性 (Spinelli，2007)，增强在这个偶然和荒谬的世界中有意义地存在的能力。

第三部分　存在主义现象学治疗实践

53

存在与不存在以及存在的勇气

如果我们没有焦虑，如果存在没有焦虑，我们就不需要勇气。

这里所考虑到的焦虑是不存在的焦虑：这不仅是指我们的终极可能性、死亡，还指存在的偶然性；我们的存在没有必要的理由，也没有内在的意义。

与恐惧不同的是，焦虑没有对象：对某物的恐惧有一个确定的来源。例如，如果我害怕蜘蛛，我可以采取措施避开它们；如果我怕黑，我可以在晚上开灯。焦虑来源于存在和非存在，由于没有一个特别的关注对象，我们对它无能为力。恐惧和焦虑有区别，但不是完全没关系 (Tillich, 1952 & 1980)。每一种恐惧都与焦虑有关，但前者是一种感觉，后者关乎意识。

这种绝望的处境促使我们寻找或创造恐惧的对象，因为这样就可以以果敢来应对（Tillich，1952 & 1980）。来访者可能会表现出具体的、可识别的恐惧，比如对灰尘和污染、遗弃、损失或蛇的恐惧，但实际上这些恐惧是从焦虑中浮现出来的一种诡计，是无法用同样的方式阻止和面对的。一个担心得癌症的病人可能会一直担心因生病而被折磨，他会把每一道瘢痕、每一次不适或疼痛都视为可能是生病了，并且每周去看医生以确认自己是健康的。对他们世界观的好奇探索，可能会暴露出他们对年轻时没有选择健康的生活方式而感到内疚，以及对自己死亡深深的焦虑，这点可能他们不会承认。在这些情况下存在主义治疗师的角色是帮助病人剥离恐惧的层面，检视他们焦虑的核心。

尽管存在着非存在的威胁，但存在的勇气是自我肯定：当我们意识到这种威胁时，

IOO KEY POINTS
Existential Therapy:
100 Key Points & Techniques

我们会产生勇气或感到绝望。

在绝望中，来访者可能试图通过逃离存在来避免不存在，通过试图将自己与世界互动的程度缩小到一种可控的水平。例如，他们可能会拒绝离开自己安全的邻居，甚至拒绝离开自己的房子，或者坚持留在他们讨厌的工作岗位上，以制造安全与可控的假象。以这种方式，他们可以证实一个有限的自我，但他们却否认或忽略了大部分的可能性。假装不知道对存在说"是"的可能性，而这一切只会加剧他们的内疚和焦虑：他们对焦虑感到焦虑。

或者，来访者可以选择肯定自己，接受自己是"有罪的"，永远不能发挥出自己所有的潜力。这样做，他们承认自己欠了生命的债：他们在良知的召唤中意识到这一点（Heidegger，1962）。如果他们承认自己有罪，但拒绝谴责自己，这就是勇气的表现：任何其他途径都将导致绝望和对生存挑战的退缩。

以开放的态度面对威胁和潜在的"不存在"，以及随之而来的所有焦虑，是为了发现和创造意义。因为在我们理解的意义里，我们和我们的世界是有限的，从而间接地克服了绝望和无意义。

存在主义实践者会向来访者解释，这种勇气并不能消除焦虑，这是一次又一次的参与。勇气出现在参与的选择中，这不是行动之前的条件。来访者不需要为了承认他们的自由而感到有勇气，也可以不顾他们的焦虑而采取行动。相反，他们只需要承认自己是有限性的、偶然性的和自由的，直面现实，这样他们就能过一种充满勇气和激情的生活。

54

结束治疗

对于结束治疗，要在此阐明的东西远比开始治疗少得多。然而，对于存在主义实践者来说，对人类条件有限和不可预知的本质的认识导致了从旅程开始就关注治疗的结束。治疗结束的特征可以与生活结束同样具多样性，比如有计划的或计划外的、通过自然选择的或环境驱使的、渐进的或突然的、痛苦的或愉快的。无论如何，都会有一个结局，因为这种关系也是有限的。

任何来访者或治疗师违反了时间界限，都可能提供一个机会来讨论什么样的结局是想要的（在这个问题上，治疗师披露他们的感受可能是有用的）：询问源于"在给我的这些时间里，我 / 我们怎样参与进来呢？""我怎么打发时间？""这次我想干什么？"。正如斯特拉瑟（Strasser & Strasser，1997）所指出的，所有的存在主义治疗从一开始就需要有"时间意识"。

来访者对限制的立场通常会反映在他们对治疗关系的有限时间的立场上。例如，那些拒绝考虑结束的可能性的来访者可能也会努力否认他们死亡的现实。有些人发现很难摆脱亲密关系，可能会不去参加他们的最后一次治疗，在某种意义上，是为了这段关系仍有可能继续下去。来访者对他们生活中更广泛的结局所表现出的希望和期待，以及这些期望是否实现，为来访者如何寻求治疗结束提供了重要线索。重要的是要记住，任何结尾都会提醒我们想到最终的结果：所有的事情都会结束，所有的事情都会变化；这样的思考将涉及所有既定存在，以及来访者如何参与其中。

那么，一个合适的时机或结束的信号是什么呢？这个问题意味着，所做出的选

100 KEY POINTS

Existential Therapy:
100 Key Points & Techniques

择是有一个"正确的"或"合理的"原因的。或者更具体地说，是要做一个"正确"选择。这是一个不好的信念：我们的信息是有限的，我们不能预见所有的后果，无论如何我们都需要做出选择。来访者可能会试图消除他们在自由中遇到的焦虑，但最终他们是有责任的，无论如何，他们无法逃避他们的"选择"（Bugental，1987）。存在主义治疗师会支持来访者意识到这一点，并帮助他们觉察到治疗的结束，以及自由和限制，这样他们从第一次见面就能选择结束的情境。

结束与来访者的工作时可能是一个有着乐观、悲伤、兴奋、内疚和无数不同的感觉的时间。损失可能集中在二元关系的终结上：两个人都不会再次进入这样的关系，另一个人会产生另一段关系。这种独特的联系是无法复制的，因为与他人关系中的自我永远不会相同。

然而，来访者可能已经意识到一种更广泛的存在：如果治疗关系发展得很好，它将提供一个机会，使每一方都发现自己和以前有所不同。

第三部分　存在主义现象学治疗实践

以存在主义的方式对来访者的议题工作

55

探索孤立和孤独

人类的存在总是相互联系的：从根本上说，我们生活在一个"共同世界"里。然而，矛盾的是，这并不能排除孤立和孤独的感觉，他人和我们自己之间的距离似乎是巨大的。

亚隆（Yalom，1980）所称的"人际隔离"（interpersonal isolation）与存在性隔离（existential isolation）密切相关：就像所有存在者和存在论维度一样，它在我们参与到存在主义假定事实过程中的时时刻刻方方面面中都有所表现。存在性隔离弥漫在我们的存在之中，即使没有明确表现出来，我们也能意识到，我们是在被抛之外创造我们的存在，我们有无限的责任，我们死于自己的死亡。

人际隔离是当这种情况破坏了我们的防御时产生的一种感觉：我们可能会感到无助、无力和不合理。我们的视野可能与他人重叠，但他们永远无法完全看到我们的观点。就像布根塔尔（Bugental，1987）所说的那样，我们是"组成"整体的一部分，同时也是"源于"整体的一部分。

存在性隔离是不可能消除的，但它可以通过人际关系和与他人相处而减弱。

当来访者谈论感到孤独时，存在主义实践者会帮助他们探索他们所参与的关系，并思考他们是如何经历这些关系的。倾听和了解来访者如何处理这些关系很重要：他们是在支持隔离吗？在什么样的情况下他们是自私的？在其困境中，他们会尝试

IOO KEY POINTS
Existential Therapy:
100 Key Points & Techniques

真实地遇见他人吗？

探索与关系相关的期待和价值，无论是关系浅的熟人还是更亲密的接触，都是澄清问题的途径。来访者的期待、假设或对对方的要求是什么？这些情况是如何传达、隐藏或曲解的？在多大程度上是这样的？

更重要的是，回溯中还应关注，来访者认为他们能够给予他人什么：他们如何确定他人想要什么、需要什么或希望什么，以及他们是否有能力或意愿去履行这些？此外，他们如何确定自己是否为他人的幸福做出了贡献？

当下便于考量的关系是治疗师与来访者之间的关系。这种接触聚焦于发现对于关系的态度和假设。例如，通常情况下，来访者会被这种"单方面的"关系的质量所困扰：他们会暴露弱点，但治疗师不会公开暴露自己的弱点。或者来访者会对治疗师做出假设：他们有同理心（共情），对其接纳、不评判，或者支持他们。这些假设的确切性质没有下面的推测本身重要：来访者如何创造一个与另一个人相处的安全场所？这里的挑战是：如果这些期待是真实的、部分真实或不正确的呢？

存在主义治疗师认为自己和来访者之间的关系是"真实的"：它不是任何其他关系的重演，它不仅仅是象征性的。就像所有其他的经验一样，它是以当下状况为基础的。这并不是说对这种关系的探索对其他关系没有帮助：这种关系既相似又独特，这两个方面都值得考虑。

人们常说，"爱"是治疗孤独的最有效的方法，但长久以来，关于爱的定义一直没有定论。然而，对于抱怨孤独的来访者来说，这是一个非常有成效的问题：他们对爱、被爱和去爱的态度是什么？这些与他们目前的状况有什么关系？

这样的调查很可能会出现一个完整的循环：亲密关系有局限性（Yalom，1980），在存在主义中，我们将要独自面对最终的事件。在关系中扩展自己可以给我们带来同伴，让生活变得有意义：这样我们就可以影响他人的生活，并发现自己有一个好伙伴。

第三部分　存在主义现象学治疗实践

56

与不快乐和不安工作

用连字符拼写的表示疾病的常用词暗示了存在主义实践者的观点，他们认为这是不舒服和不快乐的根源：未能坚定地处理存在的普遍性问题。

当我们被存在的无意义束缚时，当我们察觉到意义的任意性时，我们可能会迷失方向：我们感到"不在家"（not-at-home）（Heidegger，1962）。这种不安（dis-ease）感是存在焦虑（existential anxiety）的结果，它是被召唤来解释我们存在的感觉。

不快乐（unhappiness）是与快乐对立的一个必要的极性：快乐是一个相对的观念。当与来访者探讨他们不开心的事情，询问什么让他们开心，或者在什么时候他们感到开心时，这个概念是有用的。

这是一种哲学上的讨论：来访者可能会通过对高兴或不高兴的理解来发现他们的假设。常见的态度包括：权利，"我有权感到快乐，因为……"；永久，"我将一直或永远不快乐"；独特，"其他人都很快乐，为什么我不快乐？"；自我参照，"我内心有一个问题阻碍了我快乐"。

此外，在西方文化中，"快乐"是一种隐含的要求。我们中的许多人都如德尔森（Deurzen，2009：13) 所描述的在"追求幸福"。如果我不快乐，我在某种程度上是有缺陷的，甚至在心理上不平衡或不健康。

一旦不快乐的状态被命名，就会有很多可能的、相互关联的情感后果：羞耻，"我不应该有这种感觉"；怨恨，"我做的一切都是对的，为什么我不快乐？"；困惑，"为

100 KEY POINTS
Existential Therapy:
100 Key Points & Techniques

什么我已经拥有我想要的东西还是不快乐？"；绝望和焦虑，"这种情况会持续多久，我能做些什么？"。

对于来访者关于幸福和不安的假设，这种协作性的反思不仅仅是表面上的，由此产生的价值观和关于这些主题的假设在来访者的生活中是"活出来的"。例如，一个觉得自己有权享受幸福的来访者，当他们不快乐的时候会感到沮丧——他们会因为感到沮丧而沮丧。

来访者的假设是如何显现的，这是治疗性询问的基础；采取什么行动是来访者的特权。

57

内疚和羞耻的教训

羞耻（shame）是一种需要他人，甚至是想象他人的状态。在某种程度上，这被视为超出我们控制的可能性：我们在一个既定的瞬间将自由受制于另一个人对我们的定义或评判。即使他人所发表的评价看来是积极的，就像赞扬一样，我们也会因这个评价而感到尴尬，仅仅因为它与我们希望在这种情况下得到的认知不符。在这种情况下缺乏控制是令人不安的。这一点在萨特的小说《禁闭》（*the look*）中生动地描写了出来。在这部小说中，偷窥者透过钥匙孔往远处看时，发现自己正在被观察和评判。

内疚（guilt）与羞耻不同，这种状态反映了对我们价值观的侵犯。这种违背可能是故意行为（或拒绝行为）的结果，或者是欠考虑的选择的结果；无论哪种情况，它都会造成严重的不适。

存在性的内疚，作为一种既定存在，是存在论的：正因如此，它并未被感觉到，它滞后于我们的潜能；我们永远无法将其实现，因此永远都欠着存在的债。

就像大多数情感体验一样，内疚和羞耻都有积极的可能性，因为它们将我们置于与自由、责任和选择能力真正接触的门槛上。

羞耻感使我们警惕关系的状态：我们对自己的经历感到担忧，并制定行为策略来影响这些雄心壮志。无论这些计划是否成功，我们都会被提醒，我们需要另一个人来实现我们是谁以及我们怎样活着：而另一个人要么是制造障碍者，要么是合作者。这对于另一个人也是如此：他们为了同样的目的而需要我。这样我们的自由就被限制了。

IOO KEY POINTS

Existential Therapy:
100 Key Points & Techniques

存在主义治疗师会鼓励来访者认识到内疚和羞耻所提供的洞察力，即选择如何生活的自由是我们自己的，在这种情况下我们是负责任的、是内疚的。

一旦我们发现自己是内疚的，我们就可以选择如何应对：僭越（transgression）成为我们历史真实性的一部分 (Heidegger, 1962)。僭越的事实是无法消除的，但它可以在我们的回应中得到解决，这可能是一种真实的存在方式。

存在主义治疗师的任务是将来访者的注意力吸引到他们对内疚感的反应的本质上，并探索他们还没有觉察到的价值观的阐释，以及在缺失这种觉察的情况下的成本和收益。

关于羞耻，重要的是由于我们会遇到很多人，其他人可能对自我有很多种看法，没有"正确"的认知。当然，任何一种观点都可能改变。对于来访者来说，思考他们何时以及如何以他们渴望的方式去经历，以及思考他们是如何促成这种情况的发生，是有用的。然后，我们可能会很明显地发现，尽管我们可能部分成功地尝试着让别人按照我们的期待理解了我们，但这些事件是偶然的，而不是绝对的。

第三部分 存在主义现象学治疗实践

58

理解与处理困境和冲突

所有的冲突都涉及世界观方面：它们的发生是因为我们的价值观或愿望在某种程度上受到挑战、忽视或阻碍。

这也适用于内部冲突，特别是那些涉及我们自己的概念：如果一个来访者希望自己总是为不公正而战，然后发现自己对另一个人不公正，他便处于一个自己的假设与自己的经历之间的冲突之中，他会发现几乎不可能接受。在这种情况下，他必须合理化他的行动或修改他的自我认知（self-perception）。

如果来访者试图合理化他自己的行为——"这是因为他先对我这样做了""我累了，脾气暴躁，这不是我自己"——他的行为是自欺的，因为他没有为自己在这种情况下的自由承担责任。在这种情况下，从前面的合理化和将其行动的责任分配给外部或临时因素到承担责任这一系列场景的探索中来访者可以获得很多。通过选择以开放的心态探索这样的场景，并将新的方面整合到他的自我概念中，来访者正在拓宽对其开放的个人品质的边界和选择的范围。这个维度的这种变化将影响所有其他维度。

冲突的另一个来源是当来访者的期待没有实现或者他们的野心被另一个人阻碍时。这可能与其世界观的任何方面有关：他们关于自我、他人、世界或宇宙的信念没有被接纳或证实。这是来访者和其他人之间不可避免地以某种方式解决的竞争：斗争、挫败、胜利、失败、妥协或是以上这些选项的组合。

如果来访者妥协了，就是其价值观妥协了：她不得不把一个价值观降级为另一个价值观，即使是部分的。通过这种方式，她的世界观保持完整，但可能会动摇。例如，一个来访者可能为了她的孩子而决定维持一段不满意的婚姻：这让她坚定了她作为有爱父母的自我概念，但她可能牺牲自己作为一个受欢迎的情人的体验。她很可能还会占据道德高地而得到附加的益处。

诸如此类的困境不仅需要理解，还需要解决方案。通常情况下，来访者会对冲突或困境的确切性质感到困惑，从而接受治疗（特别是夫妇和家庭咨询）。存在主义关系治疗可以帮助澄清与这种情况有关的价值观和野心，使来访者能够认识到哪些损失是行将发生的、正在发生的或已经过去的（Deurzen & Iacovou, 2013）。这些损失会与来访者所持有的世界观中的价值观有关：他们会为了维护其世界观及其所提供的稳定性（幻觉），以某种方式进行辩护。治疗可以支持这些防御的拆除，以便它们可以被检视和重新思考，并且在某些情况下甚至被部分牺牲，以帮助解决冲突。

冲突可以被视为一个澄清对来访者来说什么是重要的机会；为了实现某些价值，他们会牺牲什么。它还有可能帮助有同样需求的他人：我们实现了为他人的愿望服务的价值；我们能够用我们的收获和力量来帮助他人。

第三部分　存在主义现象学治疗实践

59

面对悖论、对立面和存在性的冲突

很有必要对存在主义的两极表明立场，如接受与拒绝、冷漠与关心、平衡与极端、身体与心灵、惯例与独特、理性与直觉、寂寞与社交、信任与怀疑 (Wahl, 2003)，这些在我们世界观的形成过程中起着关键作用。

来访者甚至可以对每一个极性的端点有独特的理解。在回答一位作者的问题"爱的对立面是什么？"时，一位来访者的回答（这让作者大为惊讶）是"权力"。当她看到这种情形时，引发了对这种极性的启示性研究。

作为有经验的实践者，我们仍然能够感到惊讶甚至震惊是一件好事：当我们面对他人出乎意料的态度时，仍然能够保持谦逊。这就是为什么与极性工作时，询问来访者如何看待成功与失败、努力与放松、权力与无能等极性问题会更有效；也许更相关的发现是，来访者对极性的认识并不按照治疗师的预期来组织。讨论来访者在任何极性之间的连续统一体上的位置，为他们的世界观、"人生计划"(Sartre, 1991)，以及什么是有价值的、什么是被避免的以及为什么提供了一个轮廓。

悖论是那些看似自相矛盾，却被认为是真的或部分是真的的断言。例如，我们必须活得充实，但又经常面对自己的有限性，这是自相矛盾的。

存在主义治疗鼓励患者辩证地面对这些悖论。通过研究悖论，那些隐含的东西显现出来：在这过程中，我们发现在某种程度上，信念是相互矛盾的，但这并不一定意味着它们不是"真实的"，它们可以在感觉上是"真实的"。事实上，悖论只能以一种或两种方式来处理，不能明确地解决 (Deurzen & Adams, 2010)。讨论悖论的目的不是要抛弃它们，而是要考虑它们的后果，以便能更接近真理。矛盾往往带有模糊性：在这种状态下，与教条或单边定位相比，有更多的可能性。

存在的冲突反映了我们在容忍诸如生命与死亡、真理与非真理、自由与非自由、存在与非存在等领域中存在的两极和悖论方面所面临的挑战 [这里的"非"（non）是经过深思熟虑的，因为它允许了更广泛的对立面]。

围绕这些冲突的询问，有助于确定来访者怎样以及在何处限制或是剥夺了其生活：什么样的极端是需要避免或接受的；哪里有发展的可能，或者来访者什么时候需要限制他们的参与？这种"悖论分析"(Schneider, 1999) 的影响可能是戏剧性的，正如我们在处理（看似）截然相反的立场和价值观时所预期的那样。

第三部分 存在主义现象学治疗实践

<u>60</u>

应对死亡、失去、痛苦以及成长的潜力

死亡、失去和痛苦是我们被迫以某种方式来应对的既定存在，这意味着这些因素无法被避免、否认或克服，他们是否能被接受还有待观察。

死亡焦虑没有治疗方法：它渗透到所有人类的存在中。我们如何应对这种可能性和不可预测事件是我们需要锻炼的地方。治疗背景下的研究领域是我们如何与这些我们从来没有真正经历过，但会预料到的事件共存。

亚隆 (Yalom，1980) 认为治疗师没有必要让来访者体验到死亡和随之而来的焦虑的经历，治疗师的任务仅仅是帮助来访者注意到他们目前是怎样参与到这些事件中的。

例如，丧亲之痛可能会引发关于死亡（我们自己的和他人的死亡）以及一般痛苦的讨论。所爱之人的死亡给来访者提出了关于生命意义的问题，尤其是他们生命的意义。这种对死亡的意识可以培养一种认识，那就是人生没有"彩排"，有且只有一次机会去过这种被给予的生活（即使死后还有生命）。在这样的时刻，来访者明确地站在一个选择面前，要么自己投入于生活中，要么逃避这种挑战。这可能是一种令人兴奋和让人敬畏的经历，来访者可能需要帮助以避免在应对死亡焦虑时采用无用的防御。例如，一个来访者可能会说服自己她太特别了，所以不会死亡，但其实她内心深处明白死亡是不可避免的并且会来得很快。面对这种冲突，她可能不得不做越来越多的事情让自己相信自己是特别的，她可能会沉迷于物质上的成功和别人的赞扬，并极力否认自己像其他人一样"正常"(Cooper, 2012)。

IOO KEY POINTS

Existential Therapy:
100 Key Points & Techniques

治疗师不需要老生常谈的安慰来抑制这些讨论。相反，亚隆 (Yalom, 1980) 建议治疗师应该对丧亲之痛给予"抚慰的肩膀"，以期对这些重要问题进行更详细的叙述，这些问题正是对所有生命事件进行理解的基础。当然，生命中会有更多痛苦和失去的可能性：每一个这样的事件都表明可能会有更多这样的事件发生。我们如何处理这些情况、如何赋予它们意义，以及如何评估我们自己对这些问题的参与，这些都是恰当的主题。

把每一种失去和痛苦的场合都个人化是很重要的。和其他任何活动一样，没有两个人的经历是完全相同的。存在主义治疗师并不期待每个来访者的不幸都符合经历阶段模型中的某种类型，正如库伯勒·罗斯 (Kubler-Ross, 1969) 所提出的，内疚、后悔、宽慰、悲伤和失落的感觉可能很常见，但情绪调色板的比例和构成对每个来访者来说都是特别的。

死亡是终极的失去：作为一个人，没有更多的可能性可以考虑。然而，还有许多其他的失去是令人担心的，想要防御。任何失去都可能促使我们反思会失去什么：所爱的人、机会、我们的身心能力，以及希望和雄心。

存在主义疗法可以帮助来访者理解他们使用什么策略来抵御对他们来说最重要的损失，并询问这些安排的益处和责任。我们常常为了避免遭受痛苦或损失而放弃对生活的努力。如奥托·兰克所提到的，为了避免支付死亡费用，拒绝对生命贷款 (Otto Rank, 1929/1978)。

蒙田（Montaigne, 1958：389）指出：

死亡始终与我们的生命交织混杂。

避开陈腐的陈词滥调并不是不关心或不共情。但是，试图通过模型或规则来最小化或解释伴随损失、痛苦和死亡而来的正当痛苦，是剥夺了来访者对这些情况做出更真诚的、真实的反应的可能性。

第三部分　存在主义现象学治疗实践

<u>61</u>

支持重病或绝症来访者

海德格尔（Heidegger，1927）形容存在是生死之间的路径。身患重病或绝症的来访者会不断地想到自己存在的脆弱及这条路径的种种限制。正如蒂利克(Tillich，1952 & 1980) 提到，直面虚无的可能性会让人非常焦虑，常常会迫使来访者审视及改变他们直至当下所赋予人生的意义。这样一来，来访者也许就会在剩下的日子里尽情挖掘自己的各种潜力。

存在主义心理治疗师要面对此类来访者群体绝非易事，除了接受并抛开自己对于死亡的忧虑之外，还要照顾来访者的痛苦和疑惑。存在主义心理治疗师也许还要回答关于生死意义的问题，也许在劝慰来访者或帮助他们"保持积极心态"的过程中倍感压力。存在主义心理治疗师甚至发觉自己在用哲学理论来远离来访者的痛楚。

在此情形下，心理治疗师如果愿意采取现象学的方式真正地治疗来访者，了解自身及来访者的忧虑恐惧，并且保证在双方都有条件的情况下一直陪伴左右，这对来访者是十分有益的。这样的立场给来访者提供了空间，以消化他们的经历并更愿意去思考对那不愿提及的现实作何回应。

对于来访者和心理治疗师来说，这项工作十分艰难、令人志忑，还可能将他们带入生气、惋惜、无意义和脆弱的境地。来访者通常不能和家人朋友诉说这些感觉，因为死亡的接近会引起存在主义焦虑，亲朋好友也许也正忙着奋战，想要避免这种焦虑的出现。在这种情形下，存在主义心理治疗师的角色也许会延伸到需要帮助来访者去填补可能存在于来访者及其亲人之间的"拒绝之沟壑"（gulf of denial）

IOO KEY POINTS

Existential Therapy:
100 Key Points & Techniques

（Smith-Pickard,2009：141）。

诊断为可能时日不多后，来访者常常会以崭新的角度去欣赏他人及看待与他人的关系(Griffiths et al.,2002)。在此背景下，心理治疗过程成为了来访者共情程度加强以及在与人交往时更有深度的重要原因，这也印证了亚隆(Yalom,2008：205)的观点，即"极度痛苦的解药即为纯粹的相关性"。心理治疗师必须也要准备好应对拒绝和敌意，但是不管来访者以何种方式谈及其治疗方式和治疗过程，治疗师都必须足够坚强地对来访者进行现象学疗法，还要遏制控制来访者情绪的冲动。

在面对危及生命或是治愈希望渺茫的疾病时，来访者和心理治疗师都难以逃离生命的有限性这个现实。正如亚克维和彭特兰（Iacovou & Pentland）所提到的，在这样的情况下，死亡是以一位不可避免但不受欢迎的入侵者出现在心理治疗框架内，是不祥的死亡象征（Lee & Loiselle,2012）。不过，这样的入侵也帮助来访者升华了日常生活中微小的细节，让自己的存在变得更为深刻动人，这些之前他们都是感受不到的。正如亚隆(Yalom,1980：159)所述："虽然肉体的死亡能摧毁一个人，但是关于死亡的认知能将他挽救。"

第三部分　存在主义现象学治疗实践

62

用梦境和想象向来访者解释在世存在的方式

对于存在主义心理治疗师来说，解释来访者的世界观时，梦境、幻想（fantasy）和想象场景是与解读的真实事件和体验同等重要的现象。

存在主义心理治疗师认为梦的内容不是来访者的隐藏表现或掩饰意图。反之，梦的内容揭示了来访者的世界观、信仰、恐惧等。援引与海德格尔有着紧密合作的心理分析家，即梅达尔德·博斯（Medard Boss）的观点，科恩写道："梦是一种暴露、揭露，从来都不会掩饰。"（Cohn，1997：84）

对于来访者解读的幻想，不管是虚构的事件、白日梦还是晚间梦，存在主义心理治疗师会与来访者一起思考其主题、引起情绪反应的内容、事件地点和时间、涉及的人和物，以及存在的维度。存在主义心理治疗师还会让来访者去思考是否遗漏或缺失了做梦者一般会期待或梦到的主题或内容。

如此的谈论过程常常会让来访者意识到那个梦里的某些问题或方面是跟他们现实生活中息息相关的，深入地思考这些方面可能会产生有用的见解。

虽然梦和想象（imagining）是个人范畴，并且是"内在的"，这种叙述在某种意义上总是关于"与世存在"的，并且总是带着某些担忧。这也可以是心理治疗师和来访者之间可以探索的问题。

对人影响很大或令人记忆深刻的梦，或者是以某种形式不断重现的梦（或该梦的部分），是可以去回顾的，并且可以重新考虑这种现象的相关性。

在梦境中，做梦者经常是动作的参与者，又是旁观者：让来访者从不同的角度回顾那个梦是值得一试的。

因为做梦者与梦的各因素是相互关联的，心理治疗师也许可以和来访者共同审视这些相互关联的因素的性质和特征。对于所有在心理治疗过程中（Spinelli，2007）分享的记录来说，这是一种探索的方法，不管这些记录是基于梦境还是"现实"。

来访者可能不愿意认真审视梦或幻想。表面上混乱的场景意味着这很难确定其意义，而且这种模糊性可能会让人心神不定。来访者可能希望能够在一定程度上确定事物背后的意义。抽象艺术能够产生类似的沉默参与：来访者需要参加该作品的意义建构过程（Barret，1962）。出于同样的考虑，来访者不愿讨论他们的梦，因为意义的灵活性需要解读；本就不存在绝对或"正确"的意义，并且由此产生的心理治疗解读可能并不能很好地对应他们的情况。

梦中所见是更为明显的探索方式，但是心理治疗师还有机会探询来访者在心理治疗过程中解读该梦的感受。想摸清梦和幻想更为隐晦的特征，这就要求来访者和心理治疗师之间要对彼此多一点信任：再次重申，这可能是因为梦具有不确定性和模糊性的特征而导致的，一些来访者也许会担心这会将一些他们希望只有自己知道的希冀或忧虑大白于天下。

总而言之，梦的重要性并未得到充分的认识，其他的生活经历也是如此。

第三部分　存在主义现象学治疗实践

63

应对幻听和幻觉

在几千年的人类历史中，有许多历史和考古资料都有关于人听到声音／幻听或产生幻觉（hallucination）的解读。世界上不同的文化、不同的地方都有关于这种现象的解读，并且人类从神学、语言学、心理学、医学、人类学和心理治疗等不同角度对此进行了大量的研究。

当我们在说听到声音或产生幻觉时，我们指的是某个人听到、看见、闻到或以其他的方式感受到他们周遭的人感受不到的东西。各种统计数据的结果不同，但是普遍认同的是，3% ～ 10% 的人常常会有这样的体验。至少有一次这样的体验十分常见，比如你一起来就很确定地说有人刚刚叫了你的名字，或者是你看见门口有一个人脸的轮廓。

听到声音（幻听）、产生其他形式的感官幻觉除了被主流精神病学认为是精神疾病的一种症状以外，还可能是器官状态引起的（例如脑血栓或帕金森病），抑或是服用如迷幻药（LSD）、摇头丸等致幻药引发的，也可能是因为过量饮酒。然而，许多声称有此类体验的人并未有任何的反常。

声音和幻象（vision）可以起到安慰作用，比如当一个来访者听到已离世的爱人或亲人声音时 [里斯（Rees，1971）将这种现象称为"悲痛幻觉"]；它们也可能让人十分痛苦——批评或让来访者心生慌乱的声音，或者是当他们看到一大群昆虫扑面而来的时候。不管来访者是否愿意听见这些，听到声音与人们的"自我感"息息相关（Smith，2007）。意识到这点以后，存在主义心理治疗师会以开放的态度

100 KEY POINTS

Existential Therapy:
100 Key Points & Techniques

来看待这样的体验，将他们自身和来访者的价值观与文化因素考虑在内。这些幻象会被当作来访者世界观的一部分来审视，成为该来访者面对存在既定时的处理策略，因而也是获悉来访者世界观的重要信息来源。

存在主义心理治疗给来访者与心理治疗师提供了一个机会，让他们得以一同审视来访者如何在情感上、生理上和社会上感受到幻觉的。如果一个来访者体验的是自己的声音成为"上帝之语"，一个世界观纳入了宗教信仰的来访者跟世界观基于理性而富有逻辑的来访者是不一样的，后者会确认那些声音是她要"疯了"的节奏。存在主义心理治疗师会帮助来访者探索来访者赋予自身经历的意义，与来访者一道去发现一系列其他可能的意义，鼓励来访者去评估他们对幸福不同意义选择背后的影响。

人并非存在于真空之中，但是我们的来访者是"在世存在"以及"和他人共存于世"的生命存在（Heidegger，2003），他们周遭的人和生活的文化也会塑造他们对于声音和幻象的理解。苏格拉底有这样的体验，被认为是大智之人。贞德也有这样的体验，被认为是一代圣人。甘地有这样的体验，被人敬为政治家及和平使者。查尔斯·狄更斯有这样的体验，被称为英语语言中最伟大的小说家之一。杀人狂查尔斯·曼森也有这样的体验，却被视为疯子和魔鬼的象征。

探索来访者经历的幻象、声音或其他幻觉事件所处的背景，这将有助于揭示该背景对于来访者经历的影响。生活在西方国家的人很可能把这些幻觉定义为与疾病相关的词语，比如精神疾病的症状。生活在其他国家的人可能将其视为精神上的体验，视为一种特殊的天赋，视为自己成为了宗教预言家，视为疲劳或精神压力或认知错误的结果。不管是何种解读，心理治疗师对于来访者经历的好奇心和接受度的态度常常就带有治疗作用。将来访者此前可能认为是"症状"或"软弱"，甚至是"天赐之物"正常化，认为来访者经历这些是有意义的（Suri，2010），常常会给来访者带来意想不到、发人深省的结果，鼓励他们与自己的声音或幻象建立关系。有时候，在没有"药"医治这样的现象的时候，态度上的改变是来访者唯一拥有的自由。

第三部分　存在主义现象学治疗实践

64

面对存在焦虑、神经性焦虑和正常焦虑

存在主义心理治疗师往往会谈到三种类型的焦虑：存在焦虑、存在者焦虑（ontic anxiety）或正常焦虑和神经性焦虑（neurotic anxiety）。存在焦虑被视为是不可避免的一种焦虑，因此也是人类存在的正常结果（Iacovou，2011），它来源于不断变化、不可预测的存在所带来的不确定性。正因如此，这样的状态渗透到了世界观的方方面面。

正是在世界观这个层面上，我们才可能从存在者反应中区分存在焦虑：它们一开始以"正常"或"神经性"焦虑现身。"正常"在这里指的仅仅是人们面对焦虑时表现出的情理之中并能够自我调节的反应。比方说，在临考前或公众演讲前的焦虑则属于正常焦虑。

然而，神经性焦虑表现出一种固执的、约束性的姿态，通常当事人自己也未曾意识到。这种焦虑通常表现为一种企图，企图能"指出"焦虑的来源，用确定的事情来纠正它，让它成为一种实体；矛盾的是，上述所有恰恰并非是存在焦虑的特点。因此，我们可能会遇到这样的来访者，他们想通过宗教仪式或难以抗拒的冲动来化解因现实存在的荒谬而引起的存在焦虑，妄想这能让自己对这种荒谬性产生免疫。

在这样的焦虑应对模式下，来访者是在努力固化（solidify）他们的存在，将其变成一种"症状"。他们可能会坚持认为自己对自身、他人、世界以及宇宙的认识是完全正确的，坚信自己的处境让他们得以接近绝对真理。在这种情况下，没有其他特别的视角和新的可能性可以影响他们根深蒂固的世界观，也没有什么突如其来的不幸变故。如此，生活也许变得更加可控，但是面对意外情况时，就没有什么创造性和自由发挥的余地了。

逃避存在焦虑则会限制和宇宙相处的方式，这阻碍了我们全面正面地认清目前的烦心状况，我们必须在缺乏全面了解的情况下做出选择。

当来访者抱着减轻焦虑的期望来治疗时，存在主义心理治疗师可能会跟来访者澄清，这样的期望是无法实现的；也许认清问题多少能抚慰人心，但我们不能假装可以治好人类存在的基本现象。我们的探索最开始是与来访者展开讨论：他们为什么而焦虑、他们什么时候最为焦虑，以及他们在什么情况下没那么焦虑。来访者的回答可能会透露出防御性，因为不想被人发现他们的不完美，或者显示出避免失败才会用的手段。这些调查也许有助于进一步了解困难，让来访者逐步认识到在面对焦虑情绪时，他们拥有一定的自主权。

来访者所持的根深蒂固的态度、部分真理、猜想和对世界观的预想可能会受到挑战，这些会对来访者能否度过充实的人生产生影响，来访者可能也会权衡其他潜在的视角和存在方式。在这探索的整个过程中，心理治疗师会坚持他们一贯的现象学立场，让来访者能够从创造自身品质生活的角度去审视自己的情况。更积极全面地融入生活是唯一能够缓解焦虑的补药；矛盾的是，这种可能性也恰恰是减轻焦虑的源头："症状"揭示了"疗法"。然而正如克尔凯郭尔（Kierkegaard，1944：155）所指出的："谁习得了如何正确地焦虑，谁就习得了终极之法"，这也正是心理治疗师在来访者心理治疗过程中可以树立的目标。

第三部分 存在主义现象学治疗实践

65

治疗成瘾

那些苦于成瘾后果的人常常将成瘾经历解读为"不可控制"的渴望或冲动。这种提法将他们置于责任弱化的地位，甚至是非存在的地位。那些把自己解读为"成瘾者"的人常常认为自己本质上就是该词语界定的样子，他们提出自己就是"某物"，一种无法推翻和无法改变的物质。如此，这样的自我物化使得这样如此具体定义自己的人不需要任何的中介 (agency)。

存在主义成瘾观的重点并不在疾病和症状方面，而是更注重某种观念，即"当普通活动被赋予某些特殊意义时，人们会变得沉迷其中"（Du Plock，2013：206）。如果这是我们对于成瘾的理解，那么任何可快速改变我们情绪的事物都可以使人上瘾。

存在主义心理治疗师对待所有来访者都带着一种谦恭和热情，因为他们认为人人生而相似：我们都在奋力用一丝优雅和几分效用来面对和应对焦虑。支撑世界观的设想及其策略表现可以缓解生活带来的苦难，但同时也会产生"不适"。成瘾就是这一类策略，在某种程度上帮助来访者构建他们的生活，否则他们可能无法做到。

我们保护自己不受"关系中的自我"的困扰就是努力成为物体：萨特（Sartre，1948 & 1973）将这解读为"无用的激情"（useless passion）。如果我们能够说服自己和他人，我们是具备某种品质的物体，那么除了这个物体本身应有的特性之外，我们就不会期待或努力获得其他东西：我们不会为其他事情负责，同时也没有做出其他行为的自由。来访者宣称自己是"一个成瘾者"，他也能从这样的物化中获益，

100 KEY POINTS

Existential Therapy:
100 Key Points & Techniques

包括身边的人会更加理解他的境遇，并且降低对他改变能力的期待值等。

面对来访者时，存在主义心理治疗师秉持着谦逊和好奇的态度以鼓励来访者打消某些想法，即认为自己身患疾病、失去控制以及不知何故对自己不负责任或做出不负责任的决定。

"成瘾"来访者常常向心理治疗师提出的问题是："你怎么帮我？"心理治疗师合乎伦理的做法一定是向来访者阐明病理学中"症状"的"疗法"不是他们的职责范围所在：如果来访者愿意思考在世存在的方式，包括思考让自己和周遭人都苦恼的行为，那么才可以开始心理治疗。

来访者必须清楚探索的核心将会是他们整个的生活：来访者常常要求只针对表现出来的问题，通常是因为他们不希望改变自己生活的其他方面。通过坦率地提出一个更加综合的解读性问题，心理治疗师明确指出来访者部分或全部的生活也许会受到影响。这点很容易解释，因为来访者口中所说的难题常常跟那些所谓的问题行为有关。这种立场并不能阻止烦恼的缓解或行为的改变，这些改变也许是心理治疗的衍生品以及存在本身的衍生品。

当来访者在解读让他们困扰的状态或行为时，治疗师要求他们不用"成瘾者"这样的标签是有好处的，这弱化了他们物化自身的想法。这样重新解读行为后，来访者常常能够意识到在某些情景下，他们在生活中确实有选择的余地（这不一定只适用于表现出来的问题，可能也适用于其他情况）。这提供契机去了解来访者基于什么条件下才会做出积极的选择，以及与他人比较和对比那些他们觉得难以控制或根本无法控制的情况。

心理治疗师明确自身的立场，他们会表明自身不会参与到来访者的行为改变中去，因为这个决策权是留给来访者自己的。虽然心理治疗师希望来访者少受些苦，但是行为改变可能带来什么后果以及达到何种程度都不是心理治疗师的权利，他们也不能担保如何能做到。

在没有理解成瘾行为背后的含义之前就希望改变它，其结果往往会适得其反。

第三部分　存在主义现象学治疗实践

杜·洛克（Du Plock，2005）提出与来访者探索"不正常"行为如何抵抗焦虑会更高效：只有当被抵抗的东西得到解决之后，来访者的行为才会改变并得到协调（Deurzen & Arnold-Baker，2005）。

如果来访者害怕自己会"倒退"，重新开始那些不良行为，恐怕他就仍然需要应对这种行为背后的吸引力。探索好处和责任之间的选择以及来访者部分世界观和整体世界观的影响，是永不止步的过程。

衡量该探索的作用不应仅仅限制在成瘾行为这一方面。芬加勒特（Fingarette，1988：121）指出，针对饮酒者，需要更灵活地考察其效果——思考"饮酒者尝试要做的所有改变"是恰当的做法。这似乎适用于所有形式的成瘾行为：嗜吃、赌博、药物滥用等。

即使来访者在某场合中成功做出了不同的选择，这也不能防止他们再次做出之前的选择，况且后续类似的场合还会出现很多次——自由一直困扰着我们。我们甚至对自己都不了解，我们还要回应自身的焦虑。接受这些事实，就是承认做出不同的选择并不能完全消除不适，并且也没有任何事物能完全做到。

66

治疗抑郁

开始治疗之后，来访者常常说自己患有抑郁。不管这是来访者自己的诊断，还是执业心理治疗师的诊断，这个抑郁的标签没告诉我们来访者为什么而受折磨以及如何受折磨，我们知道的只是来访者正在遭受痛苦。

当心理治疗师听到这样的话语，他们提了个简单的问题：邀请来访者更加概括化地描述他们当前的经历。首先，这就把大范围的东西变成小范围的东西：抑郁是一种处境；探索的核心是眼前这个人是如何经历抑郁的。这向来访者指明他们的苦恼来源于自身的存在，没有任何诊断或临床的分类能够完美地描绘出他们个人的困扰。

调查来访者对他们自身困境的感受是了解他们的价值观和世界观最便捷有效的方式。该讨论可能会涉及存在的各个维度，如身体、社会、个人和精神（Deurzen, 2002），也可能涉及遭遇的各种维度，比如他人关系中的自我、关系中的他人以及他人关系中的自我存在（Spinelli, 1994）。揭示普遍存在既定的主题也将展示出来，而这些问题相互连接、互有交叉。

来访者在回想自身经历的时候，他们可能会解读自己的想法、情绪、身受或烦扰。这些可能都会被考虑到，因为它们都是互通共存的。

患抑郁症的来访者最常提及的存在既定往往是"意义"。他们对于这方面的反应（在这方面他们不可避免地去创造意义，甚至当他们从自身环境或文化中选择格式化的"意义"时）常常是对可贵事物的否定或拒绝："什么都不重要""有什么意义？"以及"谁他妈在乎"是他们口中常常听到的句子。在这些及类似的言语中揭示了其他常见的层面：时间性、自由、责任和相关性。

这种态度的后果就是来访者往往会变得颓废：社交和亲密关系黯然失色，目标和计划付诸东流，自我概念予以否定，还有对未来变化不抱希望。这些况状加深了在这种存在方式下本就无处不在的无望感。

欧内斯托·贝克尔（Ernest Becker）对于奥托·兰克（Otto Rank）的观点有同感，贝克尔提到沉浸在抑郁情绪中的人"似乎是行尸走肉，以此逃避生活和死亡"（Becker，1973：210）。贝克尔发展了此主题，他提出内疚是要推卸自由与责任的负担：这将受折磨之人封锁在颓废里。就时间性而言，这种境遇下的人会逃避面对未来所带来的压力，同时也逃避了由此而来的幸福：他们用过去来拒绝现在的选择，因为过去的结果是如此的糟糕。

布根塔尔（Bugental，1992)谈到"意志消沉"：他认为来访者面对自身悲痛、失望和未能实现价值和抱负时的反应能让他们的困境变得更加复杂，并加深他们的痛苦。他提出心理治疗师的出现能动摇来访者的超脱和颓废，促使来访者接受自身境遇。由此则能引发重要的转变：一些事即成为可能；对中介（agency）和无意义的抵抗即产生了一丝裂缝。与来访者"同在"时，心理治疗师不会以来访者会"改变"为目标或抱有此期望：这同时促使了来访者也这样做。直接承认来访者的痛苦能够帮助他们理解痛苦：这个过程无论是对来访者还是对心理治疗师来说都不是易事。有时候我们必须要坐下来，亲眼见证来访者痛苦的同时不要想着"摆平"痛苦，这就要求参与双方都需要勇气。

100 KEY POINTS
Existential Therapy:
100 Key Points & Techniques

67

理解与应对精神创伤

在世存在、和他人共存于世都是人类存在的条件：我们身处这个世界，参与并融入其中。有时候我们也许会借自身行动改变态度；但在大多数情况下，我们采取能够维持自己世界观的行动方式，希望创造一点点的确定和稳定，这无疑是自我欺骗。

因为我们是在世存在的，我们的意义植根于这个世界，并且和我们周围的环境、境遇相关。意义的原材料并不来源于某个人的"灵魂"或头脑，而来源于社会化和被具身的存在境遇，即共同世界（with-world）。

精神创伤常常被解读为意义的丧失，这关乎到我们对自己、他人、这个世界和整个宇宙的设想、价值观和期待。这些世界观层面可能会出现裂缝，而这样的裂缝会影响其他的世界观层面。如果其中一个设想变得支离破碎，意识到"什么都没有""我们内心什么都没有"时，我们会面临丧失意义的境地以及随之而来的焦虑。我们用以缓冲生活中偶然事件伤害的机制被揭穿。从这个意义上说，创伤揭示了存在中固有的焦虑，而不是创造它。

当我们对于安全的错误理解这样被打破时，我们才明白其实自己从未曾真正逃离可能的万物非存在的境地，从来未曾逃离，过去未曾，现在未曾，未来也一样。我们可能会经历无望感，觉得自己不可能再次变得"正常"，因为我们的弱点已经变成了十分严重的问题。这样的认识对自我概念会产生深远的影响：我们不承认曾经相信的自我，这样的变化会走向何处也是无法确定的。

经历过这种裂缝或破碎的来访者常常会满怀焦虑，难以理解这个世界的意义，

第三部分　存在主义现象学治疗实践

难以理解加深危机的事件（Barnett,2009）。在这样的情况下，存在主义心理治疗师不会急着让来访者讲述他们的故事或阐述他们的世界观，而是认识到他们首先要做的是"踩刹车"（Rothschild,2000：102）。反之，心理治疗师鼓励来访者回想他们被具身的经历／能代表个人的经历，帮助他们增强保护自己不受激烈感情刺激的能力，例如让他们主要回想令其平静的经历、活动或事件，然后让他们学习运用这个技巧以让自己过度激动的时候平静下来。

我们的世界观是相互关联的观念，从这个意义上来说，脆弱经历的出现也是产生于两者之间。布拉肯（Bracken，2002：148）说道："如果精神创伤事关破碎的意义，那么它就是彻彻底底的社会现象。"

将精神创伤及其后果解读为深植于社会的一种现象，这会影响在这种情况下其参与心理治疗过程的方式。应对精神创伤影响的内在精神模式不能有效指出某个紧急情况的社会属性的意义及后续效应，心理治疗师必须关注当事人所处的社会背景和文化背景。

一旦来访者相信他们能够处理好因他们的创伤而激发的使人痛苦的情感后，心理治疗师会与来访者一起探索来访者那对自身经历十分个性且特别的看法，而这肯定包括社会、文化、精神、个人和他们被具身的存在维度。

因为我们所有的经历都受到始终不变的观念影响（以"什么"和"如何"为中心的意向性得以让各种意义分配给任何经历），没有经历是天生的"痛苦"（Bracken,2002）。其中有非常多的考虑因素，包括赋予某件事以意义（记住某件事可以是领悟，或者是对于某事物新的认识）。这并不是诋毁意义的归因，而是一种充满希望的境地，在这种境地下灵活的意义让改变成为可能。来访者在公司倒闭后寻求心理治疗时，他们也许想要找到在事故以后感受到的同事之情和团体感的意义。

来访者可能希望心理治疗师为他们提供一个发泄的空间，让他们能够尽情倾诉自己如何被该事件所影响：该事件对于来访者长期以来支撑他们世界观的各种价值

100 KEY POINTS
Existential Therapy:
100 Key Points & Techniques

观和期望，该事件对于他们对过去和未来看法的意义，以及该事件如何与随之而来的看法相统一。

　　奥托·兰克（Otto Rank）提出出生是所有创伤的模板。这个提法暗示了，对于我们所有人来说，经历创伤若非必然，也是可能。正是这种普遍性才形成了对他人危机的理解或片面理解。正如史托罗楼(Stolorow，2007: 50)这样解读，这种"共同黑暗中的存在主义亲切感"提供了能被人理解的背景，这样心理治疗师和来访者之间能够探索和分享经历。

第三部分 存在主义现象学治疗实践

68

存在主义视角下的自我伤害

通过仔细观察就会发现，我们所有人都有这样或那样的自我伤害（self-harm）行为：饮酒过多、运动不够、过度工作。类似的行为还有很多，为社会所接受但却被视为不利于我们自身利益最大化，那我们为什么还要继续这样的行为呢？这些行为和更加激进极端的行为背后有何意义？

我们所有人都受到同样的存在既定影响。从这个角度看，我们毫无二致。每个人以各自不同的方式面对这些既定。我们所做出的选择和行为体现了我们为了回避并（或）融入存在状态所采用的策略。因此，所有的行为都具有目的性：行为是面向未来的，因其意在实现我们的价值观、支持我们的策略和维护我们的世界观。

为实现这样的目的，萨特提出，无论在什么情况下，我们都不会做出更坏的选择（Sartre, 1943）：我们的选择总是在某种程度上支持我们的计划。此观点可以作为探索来访者自我伤害行为背后动机的指路明灯。考虑来访者选择了什么，而不是考虑当时有什么其他更好的选择，会让初次会谈变得更加高效。

对于任何活动或行为选择，心理治疗师和来访者都能去审视其背后的动机：来访者获得了什么好处？哪种自我概念得到了提升？这种策略是怎样影响来访者生活中的其他人？这是来访者想要的结果吗？如果是，这种结果对于他们来说有何益处？如果不是，他们可以如何改变自己的行动策略？

比方说，来访者为了保持健康的体重拒绝过度饮食，最后可能发现这其实是因为家里有焦虑且控制欲很强的父母，来访者想寻求独立。通过控制自身饮食，他们

100 KEY POINTS
Existential Therapy:
100 Key Points & Techniques

是在（通过有害身体健康的方式）宣告要谋求自由和独立。来访者还可以探索其他方式来实现此目标，明确利弊之后，来访者则会知晓他们现行的以及可采用的其他选择有哪些。

存在主义心理治疗师不会致力于消灭症状，症状是应对存在既定的策略。这些策略有时候也许能成功减轻焦虑，有时候可能又不足以应对异常情况或危机。斯皮内利（Spinelli，2007）提到，每一个所谓的症状都是在尝试着解决人类生存固有的混乱和焦虑。

自我伤害行为似乎常常体现在存在的身体层面，这是自己对自己发起的人身伤害。实施自我伤害行为的人可能是努力以某种方式挽回其形象。自我伤害也许可以降低或加强个人对世界的联系。通过自我伤害的种种方式，此时的策略是个人对于自我、他人和世界认知的一种反思（reflection）。在研究任何行为或选择的意义时，可以反思和探索这些内在相关性层面。

我们不能预知或控制如何去应对痛苦，我们只知道自己过去是这么做的，未来同样也会。这样的不确定性会产生许多反应：有些是反叛的，有些是奇妙的，有些则想挣脱控制。苦难的降临无法控制，但个人的痛苦感受在一定程度上是可控的，我们可以用这样的策略去控制自己如何面对痛苦。我们可以反抗宇宙，破坏笼罩着我们的容器；我们可以通过直面可控的压力，最大限度地增强忍受痛苦的能力；我们可能让自己遭受痛苦或实施自残行为，希望这样的牺牲能够安抚宇宙，让我们免于忍受真正难以承担的痛苦。

面对自我伤害的案例，存在主义心理治疗的目标在于和来访者共同探索这样的行为如何能满足他们的企图、满足到什么程度、要付出怎样的代价，以及选择其他的方式会如何影响他们的目的。来访者如果宣称他们自己无法控制行为，我们仍然有办法，即可以思考他们有哪些选择，即使只是回顾他们对待痛苦的态度也是可行之法。

第三部分 存在主义现象学治疗实践

69

应对自杀与自杀意念

阿尔贝·加缪（Albert Camus）深刻地描写了人类存在的荒谬性，他在散文《西西弗斯神话》（*The Myth of Sisyphus*）（Camus, 1955 & 2000）的开头宣称，唯一值得考虑的哲学问题就是自杀。他随后表示，对某种可怜而无意义的状态的最终反叛行为是活着，活更多日子，而不是更少。自杀是承认自己被生与死击败；带着荒谬活着，就是意识到死亡，并最终拒绝它。

对于认为自己不再有勇气继续生活的人，我们通常认为他们绝望了。他们感觉不到希望：他们怀疑自己会一直有这种感觉；他们感到无助，认为自己无法帮助自己，还认为其他任何人都做不到。

绝望的本质很难界定。约翰·希顿（John Heaton, 2009）提出，这是一种生活方式，就像激情或者爱一样。因此，对于绝望并考虑自杀的人，重要的是要了解他们正在忍受和经历着什么。由于这是一种存在、生存的方式，关于绝望的沟通会是"间接的"。希顿将此类比为理解笑话：理解不仅仅是停留于字面意义，而是发生在相互调适的两人关系当中。

这种探讨需要心理治疗师暂时放下客观知识和假设；在来访者回想经历的时候，心理治疗师要非常专注于他们的发现。关于绝望的"真相"在来访者身上——这是他们的真相。

然而，必须指出的是，我们都有着某种绝望。蒂利克（Tillich, 1952 & 1980：56）甚至宣称："所有人的生命都可以被解释为持续尝试去逃避绝望。"

100 KEY POINTS

Existential Therapy:
100 Key Points & Techniques

正如克尔凯郭尔（Kierkegaard，1849 & 1980）所述，绝望有两种：一种是不愿成为自己；一种是渴望成为自己。这些状态代表了有限和无限的两极：一方面，我们渴望自由和无限的可能性；另一方面，对我们的被抛性，对我们的特殊情况、文化、历史以及以前的选择所施加的限制，我们感到懊恼，我们希望一切都不是这样。

两种绝望都没有治疗方法，这是一种无法治愈的境遇。不过，如果心理治疗师陪伴来访者，作为其见证人、参与人，作为某个可能不理解或不认同他们的观点、但能够真正接受它的人，来访者就能够应对绝望。

克尔凯郭尔认为，我们当中有些人并不承认我们已经陷入绝望，正是这些人需要得到帮助去认识这一点——只有这样，我们才能从所谓的更深的绝望当中，被唤回到生活正轨。希顿（Heaton，2009）曾尖锐地指出："只有当来访者认为心理治疗师确实无用的时候，他们才算开始康复。"正是在那个时候，来访者可能会认识到，他们自己才是绝望的源头。有了这种意识，他们就会认识到自己的责任。

在确定来访者自杀倾向的严重性、决定需要采取何种实际干预措施的时候，心理治疗师需要采取一切必要的预防措施，确保符合道德、在认证机构指定的框架内开展工作。

存在主义心理治疗师需要留意自杀的"在世"性质。自杀不是私事，而是会在世界上发挥作用，影响朋友、家人、调查背后情况的人等。深入研究自杀的处境问题，帮助来访者认清这对他们抛下的人意味着什么，可以鼓励他们认识到：如果自杀，他们不仅在为自己做选择，还在为他人做选择。

最终，帮助来访者的并非心理治疗师的临床或心理知识，而是心理治疗师的立场提醒了来访者，并揭示了我们每个人都受制于相同的存在条件：我们必须在其他人的陪伴下，走自己的路。

第三部分　存在主义现象学治疗实践

存在主义心理治疗的关键能力

70

发展个性化的存在主义心理疗法

科恩（Cohn，1997）提出所有的存在主义心理治疗都具有现象学维度。支持现象学的存在主义心理疗法倾向于强调存在者维度，而现象学立场没那么强的存在主义心理疗法则强调从存在论相关性的角度来看待人类的存在。基于存在主义哲学的重要原则，这两种心理疗法的观点都必定会意识到存在主义的重要性，并且意图探索以及阐明来访者的特殊经历。由于存在者维度和存在论维度（Ontic and ontological dimensions）分别反映了人类处境的普遍方面和特殊方面，这两者在任何心理治疗探索中都会被作为参考。

心理治疗师之间最大的差异或许是他们参与处理与来访者关系的方法和态度差异。一些心理治疗师认为，他们的职责是教育或指导他们的来访者以"更好"的方式生活和交往，认为自身"在生活上不那么笨拙"（Deurzen，2008：43）；而其他心理治疗师更关心的是，来访者如何亲自发现自己要选择什么样的价值观作为生活准则，以及这些价值观如何体现在他们的生活中（将自身视为同行者）。

心理治疗师与来访者之间的"亲密"程度也有很大差异：一些心理治疗师觉得能够对来访者情况进行存在主义分析的距离更为可取；另一些心理治疗师则将来访者和心理治疗师之间的关系作为一种途径去探索在相互关系方面的假设和预期。后面这种关系的参与度允许心理治疗师披露和曝光更多的来访者信息，得以反思双方直接关系，并将其与心理治疗过程以外的关系进行比较。

库珀（Cooper，2003：144）绘制了存在主义心理疗法的维度图，并将模型和心理治疗师放置于以下连续统一体之间：现象学的或存在主义的；非指示性的或指示性的；解读性或注释性的；心理学的或哲学的；个性化的或普遍化的；病理化的或去病理化的；主观性的或世界性的；即时性的或非即时性的；自发性的或技术性的。

虽然有些两端是完全对立的，但有些可能合并在同一范例下，其中最明显的是现象学和存在主义学，这两者在任何存在主义心理治疗的过程中都是焦点。还有一种可能（库珀也承认），心理治疗师可能会觉得某些来访者适合更多的自发性，而对其他来访者来说则并非如此。这种更加多变的立场反映了某种事实：我们总是处于某个环境和某种关系中，我们可能在不同的时间会以不同的方式对这些方面作出反应。

重要的是，心理治疗师的工作风格应该与他们在心理治疗过程中所扮演角色的观点相符，并且心理治疗师应该经常性地回顾和审视这一点。存在主义心理治疗师可能会根据文献中提供的解读来理解人类的处境，但他们也必须以天真（naiveté）的态度和慷慨的好奇心去接触每一个来访者，甚至以此去接触每一个人。

第三部分　存在主义现象学治疗实践

71

采取存在主义的态度

万物皆为存在。没有任何一种忧虑、选择、行动或举止是存在既定不能解释的：它们总是在逃避、回应和（或）承认这些人类条件。

存在主义的态度不是一种应用理论，它是理解人类如何存在于这个世界的一种方式。值得注意的一点是，提出存在问题的是人类，而认识到存在是非必要的也正是人类自己。存在主义的态度也是一种生活方式，认可甚至是无视我们存在的普遍性。

被称为具有"存在主义"精神的哲学家们正是那些探索和反思生活的哲学家，即使他们的作品并非都体现了"存在主义"精神。正如尼采（Nietzsche）、克尔凯郭尔（Kierkegaard）、萨特（Sartre）、海德格尔（Heidegger）、梅洛·庞蒂（Merleau-Ponty）、布伯（Buber）和蒂利克（Tillich）这些哲学家，他们借用自己的生活来理解周围的世界：自身的弱点、反省、失败、错误、成功和感情，都能够帮助他们更深层次地理解生而为人的意义。理解这些哲学家们的信条可以鼓励奉行存在主义心理治疗师自省地生活，并践行反思性的心理疗法。正是这种反思的能力，来访者和心理治疗师才可以进行自我构建，并最终使我们每个人都能够回应、适应、灵活应对和接受我们所遇到的一切。如果存在主义心理治疗师要帮助来访者寻找到他们的信仰体系，那心理治疗师必须得有自己始终坚持的信仰体系，用以反思自身的生活并且整理自身生活经验（Deurzen, 2002）。人类存在的混乱和荒谬显而易见，但只有当心理治疗师证明自己能够过着富有意义的生活时，他们才有希望帮助来访者们也过上有意义的生活。

现象学对治疗实践的主要贡献（尤其是萨特和海德格尔的贡献）是认识到我们的意识具有一种动态的性质。因此，我们的知识有限，我们的世界观容易受到影响，虽然我们自己不希望如此。这可以让存在主义心理治疗师更为谦逊，防止他们决策武断，并且使他们更好地理解到每个人都受到同样的约束。因此，存在主义心理治疗师更可能会打破呆板的常规或意识形态（包括心理治疗过程中的意识形态），对人类存在拥有更广泛全面的看法。同时，他们对于影响或者改变来访者的世界观也不太感兴趣。正如德尔森(Deurzen, 2002: 27) 所说："心理治疗师传递给来访者的信息其实是让来访者自己去思考。"

存在主义的态度不是一种智力训练，也不是一种认知模式，而是一种理解生活的方式。对于心理治疗师和来访者来说，重要的是采取存在主义的态度 (May et al., 1958)。

第三部分　存在主义现象学治疗实践

72

解读性解读而非解释

我们对现实的感知来源于对世界的解读（interpretation）。因此，存在主义现象学的心理治疗师离不开对世界的解读。在存在主义心理治疗的实践中，思考什么样的解读是有意义的更为实用。

在《存在与时间》（*Being and Time*）一书中，海德格尔回答了解释学的疑问，对存在进行了"螺旋式"的解读，并将其分为不同阶段进行讨论。他每次看待这个问题的角度都会有些许不同，他的理解逐渐展开、不断加深。一开始，他对人的存在做了一个总体阐述，之后他又不断对这个阐述进行改进、反思和重新解读（Polt，1999）。这给存在主义心理治疗师树立了解读的典范。他给出的是初步的解读，这种解读是动态的，可以不断变化并包容新的理解。这种解读基于当下，而且会不断更新。

解读跟解释（explanation）相反，解读不是一种结论，而是一种不断加深的理解。即使心理治疗师能够在一定程度上理解来访者的世界观，能解读来访者所说的情况和想法，但这也只是基于来访者在当下特定瞬间的想法，而且也只能在心理治疗师能够或难以产生共鸣的部分起作用。

心理治疗师的解读基于来访者所提供的信息。来访者的世界观跟他在沟通过程中所表达的意义和价值观息息相关。在解读来访者思想时，存在主义心理治疗师不会依赖理论知识，而是展示出一种好奇、开放的姿态。正因为这样，来访者才相信心理治疗师给出的解读。坎农（Cannon，1991：18）指出，其实来访者和心理治疗

100 KEY POINTS
Existential Therapy:
100 Key Points & Techniques

师之间的关系就像"合伙人"，他们共同致力于探索和定义来访者存在的方方面面。

我们重视来访者过去的生活经历，但这并不代表我们就不会尝试运用现有理论，将其应用到来访者现在的生活和世界中去。在不同环境下，人生的意义可能也会有所不同。这方面的研究也能启迪我们进一步认识来访者在其世界中固有的假设、价值观和焦虑（tensions）。

从解释学的解读角度来看，来访者过去和现在的生活体验仍旧都是我们研究的核心。在这种情况下，心理治疗师并不是从解读中抽离出来，而是这个过程的参与者。没有所谓的隐藏意义，在反思过程中，人生的意义得到不断扩展和升华。针对来访者所述的猜想和期望，心理治疗师的好奇和天真让他们得以提出假设和解读。这支发现之舞能永远地跳下去。

第三部分　存在主义现象学治疗实践

73

与来访者同在，为来访者而在

与他人同在(being-with-others)是人的一种存在方式。在这个持续的过程中，人与人之间关系的展开可能会使我们快乐、悲伤或者拥有其他感受。此外，所有的关系都是不断变化且复杂的：我们有时爱，有时恨，有时爱恨交织。

在心理治疗关系中，我们强调"在"（being）的概念，这也让存在主义心理治疗师可以不受既定模式的束缚。人们往往认为心理治疗师就应该很温和，应该一味支持和鼓励来访者，与来访者和谐共处，但存在主义心理治疗师不需要这样。反之，他们可以跟来访者平等交流意见，因而来访者也能自由地表达自己的想法。从来访者利益角度出发，心理治疗师去思考这种心理治疗关系和非治疗关系之间的相似之处和不同之处，是心理治疗师工作中不可或缺的一部分。

斯皮内利(Spinelli，2007)提出与来访者"同在"（being-with）的两种基本模式："与来访者同在"和"为来访者而在"。这两种相处模式相互包容，并且体现了心理治疗师的目的，即想要进入或至少是部分认同来访者的世界观。

与来访者同在,指的是当来访者解读其真实经历时,心理治疗师保持接纳的态度。在这个过程中，心理治疗师不会去确认、同意或者反驳来访者的解读。不管来访者的表达是否清晰，重点在于来访者表达了其直接或间接的意义和价值观。这样才能充分展示来访者的"世界"（ Spinelli，2007 ），也就是他们在心理治疗过程当下所持有的世界观。

在"为来访者而在"的模式下,心理治疗师从一开始就摒弃了一切想要改变、评价、

100 KEY POINTS
Existential Therapy:
100 Key Points & Techniques

甚至"帮助"来访者的念头，因为这意味着心理治疗师清楚地知道怎样做才能帮助到来访者。反之，心理治疗师积极地接纳来访者所表达的想法、态度、猜想和价值观，这对于来访者来说才是有据可依、真实存在的。心理治疗师尝试着理解，甚至在一定程度上分享来访者的经历，从来访者的角度出发去感知世界，体验不同的事物是如何相互作用的，实现无为而"在"。

这种接纳并不意味着认同或者确认，而是理解。这不是智力判断，而是一种本能的理解，是主体间性深层次的交流。即使是来访者和心理治疗师之间拥有完全不同的价值观和行为模式，心理治疗师还是可以接纳来访者的一切经历。

这样的接纳也能够让来访者"发现"自己所处的境遇，思考如何表达内心对于自我、他人以及关系中的自我的期待与假设，以及这些期待与假设到底是正确的还是部分正确，抑或需要进一步审视。这个过程发生在心理治疗的当下，并且只会在心理治疗师以上述方式去对待来访者的情况下发生。

这样深层次地与来访者共情，心理治疗师也不可避免地会受到影响，程度之深不亚于来访者本身受到的影响。心理治疗师和来访者都知道彼此是在体验他者，这种体验还会影响他们对自我、他人以及关系中的自我的预期和假设。

与来访者同在和为来访者而在并不一定是治疗过程的前后阶段，而是两种共在的模式，服务于整个心理治疗过程的任意节点。

第三部分 存在主义现象学治疗实践

74

扮演他者的角色

我们永远不能与另一个人融合，但也不能完全与全人类隔离——我们存在于这两极之间的连续体中。心理治疗师的他性体现在，他们无法完全与来访者共享视角。这不是任何人的失败，这是不可能的事情，而且具有重大意义——这意味着，我们每个人都是独一无二的，但又不可避免地相互关联、联系。

存在主义心理治疗师强调，在心理治疗中，共在的质量高于操作的技术。共在带来了一种更真实的关系，因为这是在回应特定来访者以及相关场合所带来的独特情况。共在还营造了一种立场，支持心理治疗师接受来访者的视角，防止心理治疗师根据某个理论体系尝试去纠正或质疑来访者。借此，心理治疗师和来访者之间能产生信任，使后者无需辩护或解释自己的立场；然后，来访者更有可能更具反思性地看待自己的假设。这一切都有助于双方更充分地了解来访者的世界观。

然而，正如前文所及，心理治疗师会怀有自己的偏见和解读；即使是不施加自己的观点、更清晰地接受来访者立场，有时也会包括这些偏见和解读。当心理治疗师对来访者的视角了解到一定程度、两者在信任之上建立了相互关系的时候，心理治疗师就可以根据来访者所披露的情况，来提供他们对来访者世界观的理解。不可避免的是，这种沟通会有诠释性，因为这来自心理治疗师的理解，而心理治疗师对世界及其内容又有自己的观点。

不可避免地，心理治疗师对来访者材料的回应会反映心理治疗师的他性：被听到或感知到的一切都会被解读。在适当的时候，心理治疗师可以提供他们对来访情况的看法，这就涉及来访者的世界观。无论有何表现形式，这些既是来访者的问题，也是解决方案。通过这种方式，心理治疗师展示了包容性（inclusion）（Spinelli，2007；Buber，2013）：随后的接触的质量，就是这种主体间性的结果。

心理治疗师对来访者不会有"客观"的看法，而会有一种主体间性的看法；双方关系的质量立足于双方的参与和贡献：这是如何发展起来的，各人又如何看待自己的参与。来访者能发现并认识到，他人对他们的看法是有效的；他们还会明白，这可能不符合他们的愿望或期望。他们能了解到，如何立足于我们的理解而去感知他者，我们对自我和他者的看法又是如何变化的。

这也会牵涉到世界观的其他方面，以及对其的审视。对于所呈现出来的问题，我们可以探讨自我、他者、世界和宇宙的构造。当构造之间存在差异或矛盾的时候，我们可以讨论保持或修正世界观中所包含的假设和信念，将产生什么影响；当一个元素被改变的时候，我们可以探讨这将以何种方式影响其他方面。斯皮内利（Spinelli，2007：148）指出，这些研究能"更充分地将来访者的问题与世界观关联起来"。

75

保持好奇心，坦率质疑

存在主义心理治疗师会提出质疑（challenging），而不是质问（contesting）。质疑和质问不同，前者具有"包容性"。这一说法来源于来访者，反映了来访者的世界观，同时也包含了心理治疗师对来访者观点的有限的理解。质疑需要直接与来访者进行交流，这可以增强质疑的可信度和效果。另一方面，质问的前提则是，假设心理治疗师是处理来访者这种情况的专家，或者假设心理治疗师对来访者情况的分析都是对的。

坦率（directness）就是一种直接的、坦白的互动，往往是自发地回应当下情形，但有时坦率也可能是回应已发生的事件或讨论。坦率并不妨碍心理治疗师的交流：体贴总是受欢迎的，有助于双方之间建立信任。

对来访者保持一颗强大的好奇心，主动与来访者交流：交流的内容不是根据理论推测的，而是在了解来访者经历的基础之上做出的假设和深思。

质疑可以被定义为总结、思考或改述。提的问题不要带有太多存在主义心理治疗的特点，因为问题常常需要来访者给出正当理由，这会让来访者觉得咄咄逼人，并且带有审判性质。

质疑的目的一定不是证明来访者是错的，而是打开一扇通往询问和思考的大门。例如，当来访者称他们无法回答问题时，心理治疗师可以让他们认真思考他们在当时那个时间点回答或无法回答问题所采用的方式。

如果来访者认为心理治疗师很挑剔，并且来访者有勇气表达这一观点，那么这

100 KEY POINTS

Existential Therapy:
100 Key Points & Techniques

就是进一步发展双方关系的机会。心理治疗师会保持单纯和好奇，因为他们觉得，他们对来访者的理解是有局限的、不完整的。凭借这种认识，心理治疗师可以"牢牢把握"来访者的情感，自由思考和探索这些情感。

一个人的感受被理解和接受的程度越高，他就越容易相信倾听者。但是如果这种信任被破坏了，也可以借此机会来反思和研究围绕当下这种基本关系处境的假设和态度。每次治疗都可能遇到至少一次这样的机会；在某种程度上，我们可能会让来访者失望，但这是无心之过，也是无法避免的。这会让双方当事人深感不安、充满挑战，就像是某种可以与非心理治疗环境之外的事件产生共鸣的东西。不同的是，这种信任裂痕可以公开讨论，或许有助于双方重新建立信任。反过来，这也有助于修复非心理治疗环境下的信任裂痕。

76

拥抱对话观念

对话观念（dialogical attitude）揭示了要进入一段诚实坦率关系的意愿，这就促使参与各方同情理解各自所隐藏的真相。带着这样的目的进行会谈更加富有成效，该会谈不对来访者进行系统盘查，但会推动来访者当场进行不可预测式的创造性探索。斯皮内利明确指出这不是一项技巧或是应用(Spinelli, 2007)，而是一种尝试，旨在与他人同在达到一定的水平。

这样的观念引发了不同类型的口头交流：对话与交谈（conversation）不同，原因在于对话受限制少，方向性也没那么明确；方向是创造所得，而非预先设定。因此，来访者主动提供要讨论的任何内容都是恰当的：对话的属性决定着现实意义的发现。存在主义心理治疗师不会精心安排某种特定的方式来与来访者进行会谈，也不追求会谈间的连贯性，即他们不会向来访者重提上一次会谈（治疗师自己认为）的重点。

对话交流是直接的，但不是下指令。这是真正的探索之本质，在这场探索中可能会有话题转向和无话可说的情况，有时也可能会不断迂回。在建立联系、出现疑惑甚至是混乱时，更多的可能性得以创造，也呈现了更广泛的主题和忧虑。心理治疗师鼓励来访者不要去解读这种杂乱，而是继续专心诉说，跳出因果关系理论的束缚，让整个故事得以完整地呈现。

马丁·布伯(Martin Buber, 2013)因发表一本关于对话的专著而闻名，该著作提出了"我－你"（I-Thou）关系。在该种共在的模式中，每一位参与者对于其他参与者来说是"我"（I），同时也是"你"（Thou）。莱斯利·法伯（Leslie Farber）评论布伯的著作时说道："真相是……在对话中形成及发现的。"（Farber，2000：62）法伯继而提出，每个可以"听和说"的人都有机会体验到这一点。德尔森（Deurzen，1997）称该模式为"交融"（communion），一种超越普通交流的关系。

布伯明确提到我们不能召唤这种建立关系的能力，我们只能为其做好准备。这再一次强调了存在主义心理治疗师有意避免使用技巧，而是倾向于采取哲学及回顾的立场去与来访者建立关系。

这种关系深刻地影响着参与的双方，双方都会不由自主地以新颖的方式去理解自己及对方。这样的相互依存有其长处，也有其限制：心理治疗师和来访者都必须同意愿意受彼此影响，并且必须敢于挑战自己的世界观。不是每一位来访者（还有每一名心理治疗师）都会鼓起勇气来接受这个挑战。

对话会谈是间断式的：这是不能保持的，也许也不应该保持，因为对话会谈的影响需要内化后融会贯通。存在主义心理治疗师采用对话观念只是认同这种结果出现的可能性。

77

正常化还是诊断：存在主义视角

诊断是一个解释、一个结论。但解释不等同于理解，结论往往会妨碍进一步的探讨。莱恩提出，对精神分裂症等的诊断，事实上并不是对被分类者的理解（Laing，1969）。事实上，这种标签马上会让心理治疗师预期来访者表现出某些症状、有特定的行为方式，此外还有对来访者行为的现成解释（因为患病，所以有这种行为），以及相关的治疗方案和预后。

病理诊断会使存在客体化，"使其成为非个人的事物"（Binswanger，1963：102）。它从"客观"的专业人士的角度来理解来访者，尽量不让被客体化的个人加入到他们被理解的过程当中。而存在主义现象学哲学及心理治疗支持深入的个人接触，与这种意图或结果是相对立的。

罗洛·梅（Rollo May，1969）提出心理诊断自有其作用：它不同于治疗；它的功能不同于治疗的功能；一旦治疗开始，通常很容易就被遗忘。人们必须根据来访者在世存在的方式来重新调整他们的问题。

这种观点有一定的可信度——诊断可能自有其作用，尤其是在医疗背景下。然而，当一个人标签化或客体化另一个人的时候，他们各自会发生变化，他们的关系也会发生变化。这种关系被归为"客体"之间的接触，而不是一种联系；布伯可能形容为"我－它"（I–It）的相遇，仅此而已。

怎样才会被认为是"正常"呢？在精神病学和精神病理学模型方面，这又是一个基于文化和政治的术语：如果我们的行为得到一致认可，那么我们就会被认为是理智或正常的（Laing，1967）。

然而，存在主义心理治疗师不会认为来访者的感受、行为、价值观或世界观是正常的或异常的。他们认为，在内在意义上并没有正常性这回事——有的只是社会建构的正常性。来访者畏惧自己"不正常"所引发的痛苦，通常会与被贴标签的行为或感觉相同，或更严重。帮助这些来访者去了解，他们的世界观和他们所说、所感或所做的一切是在某个背景下发生的，并能得到解释，能减缓这种恐惧。

对存在主义心理治疗师而言，所谓的"紊乱"（disturbance）或"症状"揭示的是存在论或"存在相关"的问题（Cohn，2002；Spinelli，2007）。这些难题来自关乎我们所有人的担忧：不仅与个人和哲学相关，还与社会、伦理和政治相关。因此可得，"个体的症状……行为仅在程度而非种类上不同于'异常'的个体"（Spinelli，1989：138）。

所有的痛苦和紊乱都反映了我们对存在既定的回应，包括焦虑和痛苦的必然性。心理治疗师希望能够一同理解来访者在这些情况下的处境，即使只能做到部分理解。消除症状并非目的——不适感指示了需要承认和解决的问题，还为来访者提供了某种"好处"，这是我们必须要去了解的；如果要摒除"症状"，还要确定和选择从其他地方带来这些"好处"。

构成来访者世界观的假设、信念和期望，能让他们在面对焦虑、内疚、死亡、责任和界限的时候发挥某种功效。但我们会发现，这些策略与它们用于应对的挑战相比，更加繁重。如此看来，我们都受到相同的磨练。

第三部分 存在主义现象学治疗实践

78

在限定时间内实施存在主义治疗

时间是现有文献研究的基本问题。海德格尔在其开创性作品《存在与时间》中，将人类存在与时间联系起来：死亡、有限性、焦虑、不确定性以及内疚，各种既定存在都和时间有着必然联系。

因此，存在主义心理治疗是一种时效性实践。但是，任何治疗模式和人类处境，在根本上都是有时限的，它们最终都会结束。

从实际应用上看，治疗有时间界限：每次治疗都约定具体时间期限和治疗频率，很多时候还会约定治疗次数。人们最关心的似乎是治疗次数，特别是对于"短期"治疗而言。

斯特拉瑟（Strasser & Strasser, 1997）认为，一旦建立某种限时治疗关系，一切都改变了，其中包括心理治疗师和来访者的交流方式、可能提及的问题的类型，以及设定的目标。

我们在不同的环境中用不同的方式感受时间。有时觉得时间稍纵即逝，有时觉得时间永无止境——我们如何感受一段时间，其实取决于我们的感觉和解读。因此，将一种情形定义为"短期"，其实展现了评估人内心的态度，这和当事人的期待和目标有直接关系。

时间是存在的前提，因此已经可以探索来访者和心理治疗师参与这一要素的方式了，双方对于生命时间的假设和期待往往都集中在一个清晰描绘的时间界限之中。

IOO KEY POINTS
Existential Therapy:
100 Key Points & Techniques

无论治疗约定的时间是几个星期、几个月或几年，心理治疗师和来访者都可以谈论来访者是如何感受这个界限的，以及这种感受是否和他平时生活中的感受一致，这种方法很有效果。如果来访者和心理治疗师约定进行8次治疗，有的来访者因"8次"这一界限而失去治疗动力，从而迟迟不肯开始治疗，那么这种来访者在日常生活中碰到类似情况时，可能也会有类似的反应。

与"无限制"安排（事实上不存在这种情况）恰恰相反，一个有时限的约定规定了一个明确的结局，不可能出现任何续期或延伸，但可能包含"软"结局，即双方可能同意再选择一个特定的时间期限进行治疗。无论在哪种情况下，最有效的方法就是，既指定单次治疗的时间期限，又明确总治疗期限。这种策略促使所有当事人，无论在治疗过程中还是在生活中，都认真对待专门分配的时间。

即使在时间承诺上达成共识，也无法保证双方都能或愿意遵守安排：双方都可以自由改变想法，都可能因突发情况而无法遵守安排。时间限制可能引起以下几个方面的问题：如何选择是应该"花"时间，还是"留"时间；时间承诺或其他承诺的性质；成功实现和（或）未能实现"时间上"的抱负；界限的含义等。

生命的时间是有限的，在有时限的治疗过程中，这种担心必然是心理治疗师和来访者讨论的首要问题。存在主义心理治疗师看到的不仅仅是限制。事实上，这是治疗的核心，心理治疗师有望据此揭露来访者在世存在的方式。在有时限的治疗过程中，时间就是工具（因为来访者体验时间、使用时间）（Strasser & Strasser, 1997）。

79

借用神话、隐喻和哲学

萨弗里 (Savery，2013) 认为，在经历了人生的曲折颠簸之后，来访者对于存在于世的意义愈发难以用言语来形容。这时候，神话故事能创造利于心理治疗的情境，引导来访者表达内心深处的文化、宗教及个人意识。对于来访者来说，一个具有深刻意义的故事必定能吸引他的注意力，并能成为他探索寓言真谛及反观内心世界观非常有效的切入点，这是因为神话往往和特定的社会环境密切相关，能帮助来访者认识到自己在真实世界里最特别的存在意义。

隐喻(metaphor)是通过比较来形容一段经历、一件物品或者一个人的修辞手段，其中的相似与差别是来访者与治疗师讨论与思考的重要属性。隐喻的素材可以从常规解读中选取，例如，代表着坚韧勇敢的雄狮之心，或者由来访者自己创造。由于喻体与本体之间的比较关系含蓄而隐晦，恰好能用来考察来访者当时所想表达的真正含义。举个例子，如果一个来访者形容他的童年是在难民营度过的，只要稍做引导，他便会自然而然地说出他在年少时候如何生活在一个多元文化的社区中，看着有着各种肤色各种宗教信仰的人在自己家中进进出出。又或者，他也许会谈到在那样的环境中生活，连食物都难以得到保障，甚至只能依靠偶尔串门的爷爷奶奶带来的食物补给来过活。

这时候，心理治疗师可以在施疗过程中通过引入一个神话故事或者一段比喻故事，来进一步理清来访者想要表达的观点。只要治疗师不过于纠结素材中的相关性，这些素材的有效性便足以在来访者身上体现。

100 KEY POINTS
Existential Therapy:
100 Key Points & Techniques

如果来访者在叙述的过程中引用神话故事或隐喻，那么这不应该算作转移话题。通过来访者最认同的或最反对的神话故事中的角色，心理治疗师可以了解来访者在选择、关系、自由、责任、有限性和死亡等方面的看法。任何神话故事的悲剧或胜利的背后总暗藏着个人的重要作用。来访者通过神话故事和隐喻来象征性地讲述个人的事件、情感和想法，这样一来，来访者通常能够去掉故事的个性化特征，从而让那些不可接受的事件、情感和想法变得容易接受，让那些不可解释的变得可以解释。

哲学帮助人类认识和理解人类处境，帮助人类了解各个时代和众多文化共同具有的问题和忧虑。

存在主义哲学不提供心理疗法模型，但可以提供一个存在主义视角。哲学不适用于一般的道理——哲学是一种态度。心理治疗师与心理治疗环境及与来访者打交道的方式反映了心理治疗师的世界观，即他们对自己、他人、世界以及宇宙的假设和期待，是他们生活的哲学。

如果心理治疗师将来访者的问题或部分解读放置到一个哲学环境中，那么这将再次加深治疗师对来访者观点的理解：心理治疗师不应该把这种理解当作"真理"告诉来访者，而是应该本着哲学研究的精神，将这种理解作为引导来访者反观内心世界和讨论的切入点。例如，像《西西弗斯神话》（Camus，1942）这种小说就可以用来说明毫无意义和荒谬等重要的存在主义主题。

不论是神话、隐喻还是哲学故事，它们都影射着人活在这个世界上那些平常却又戏剧性的琐事，它们通过"再引导"的方式让来访者重新明白生命的真谛，以及如何活出生命的意义。

第三部分 存在主义现象学治疗实践

80

性、性别和身份的存在主义探索

"先天"和"后天"对性别认同（其实可扩展到普遍的身份认同）的决定性之争是一个热门话题。

性别（gender）通常被视为一种社会文化特征，对于这一点的不确定性相对稍低：性别的定义会因为历史、政治和社会情况而发生变化。因此，它被视作身份认同的一种任务或使命，具有模棱两可的属性和相应更多的选择空间。

本文无法深入解决与这些话题相关的争论，然而为了探索潜在的心理治疗方法，我们有必要全面地认识这个问题。

回顾萨特的名言"存在先于本质"，有助于我们分析这个问题。这句话指出人类在做出选择和行动之前是"空无一物"的，如此一来，只要人类能够选择和行动，就能"存在"。

当有人宣称他们是"一个好人"，或"一个酒鬼"，或"不讨人喜欢"，或"同性恋"时，事实上他们在表明一种错误的观念：他们试图客观地给自己贴上"某种标签"，因而失去了自由和责任。

存在主义心理治疗师不会挑战或试图"修正"来访者的陈述：心理治疗师的任务是探索来访者的预设身份背后的暗示，以及这些暗示如何体现于他们的世界观。心理治疗师应避免使用病理学名词，如"性上瘾"（sex addiction）或"性反常行为"（paraphilia）。临床心理治疗师不在意什么是正常或反常的，也不在意某个案例是道德或不道德的。相反，他们的工作重心在于探索来访者在这些案例中所面对的社会认可或不认可。

在现象学视角下，来访者对这些身份问题的反思及态度才是值得关注的：只有通过对话，来访者和心理治疗师才能发现来访者在世存在的迷糊、矛盾和部分真相。

理解来访者面对不可控因素或抉择时的体验，以及那些他们还具有能动性的情景，这是至关重要的。

我们每个人都偶尔会感到分不清什么是可以改变的以及什么是超出个人控制的，这类困境在心理治疗和日常生活中很常见。这个问题的答案也许不确定，但我们却不得不做出选择。来访者认为他们可以做出的选择（包括现实选择和倾向选择）将可能成为讨论的基础。

由于性别、性和身份的表达和体验会影响我们所有的关系领域（关系中的自我、关系中的他人、关系中的自我和他人）和所有的存在维度（自然、社会、人际和精神），因此这些领域和维度都是解读和反思的相关途径。

第三部分 存在主义现象学治疗实践

<u>81</u>

跳过去还是跳进去

"跳进去"（leaping in）与"跳过去"（leaping ahead）是海德格尔在《存在与时间》（*Being and Time*）（Heidegger，1962）一书中和《昭里孔研讨班》（*Zollikon Seminars*）（Heidegger，1987）文集中两度提及的概念。两者都是与他人共在的形式，是表示我们在"关心"他人的方式。尽管这两种方式的先决条件是本体模式，但与心理治疗过程有一定的相关性。

海德格尔在《存在与时间》中讨论相互关系的可能条件时，提出了与之最密切相关的观点："跳进去会占据主导；跳过去则可获得自由。"（Heidegger，1962：159）

在心理治疗的实践中，"跳进去"指的是介入来访者生活并替来访者完成他们本应该自己做的事情的种种表现：例如，向他们传递在外部环境获得的资讯，向他们提出建议和意见，尝试解除来访者的责任感。后一种情况在心理治疗师很想缓解来访者痛苦的时候是经常发生的。心理治疗师"跳进去"后，来访者就被剥夺了培养面对问题、解决困难的坚韧意志的机会，更不可能发现自己生活真正的意义了。

采取这样的策略往往是因为心理治疗师希望自己扮演一名"医治者"、导师或指导者的角色。我们确实很难遏制来访者想要被治愈和被纠正的欲望，但存在主义心理治疗师必须认识到自己应该舍弃帮助来访者后被他们认可和赞赏的需求。

选择"跳进去"的心理治疗师的来访者往往不太能直面之后遇到的挑战。这些来访者之所以感受到痛苦有所消除，是因为感觉自己被某些事情改变了，而不是因为他们改变了自己。

"跳过去"或者"跳出去"（leaping forth）却能够有所帮助。这可以鼓励来访者以一种真实的、有意义的态度参与到自己的生活中。正如波尔特（Polt，1999）所说，这种现象是"独特"的。在这种共在的模式中，心理治疗师要尊重来访者的世界观，告诉来访者如何分辨真实和有意义的事情。

归根结底，这还是来访者自己的事情。当他们遇到问题向我们求助时，我们不能直接给他们答案、解决方法或者其他解释。我们不是牵着来访者往前走，而是需要跟他们并肩同行。

82

智慧与激情生活

哲学这个单词来源于一个意思是"智慧的爱"（love of wisdom）的希腊词，但定义智慧的本质却是一项艰巨的任务：一个人智慧的表现就是另一个人愚蠢的体现。

从不同的角度看到的差异表明智慧不一定就是正确答案，或者说，不是每个人都能接受的答案。在《皆大欢喜》（*As You Like It*）中，莎士比亚（Shakespeare，2012）甚至写道："愚人认为他自己聪明，而智者知道自己是个傻瓜。"这也从侧面印证了智慧的标志就是对正确答案的谦逊和试探性的态度。

我们需要为自己、为爱的人、为来访者争取些什么呢？如果说想要"少点痛苦"，那他们就不会再对他人产生同情心了；如果说想要"平静的生活"，那他们就会被剥夺了培养坚韧品质的能力；如果说想要实现自己的梦想，但梦想只能通过不懈的奋斗才能获得其价值与成功。

弗里德里希·尼采（Friedrich Nietzsche）呼吁每个人去做一名"生活艺术家"（Tanner，1994）：这是对充满激情的生活的号召，也是贯穿他全部作品的主题。他提倡更丰富的生活：更多的失败与成功，更多的尝试与磨难，还有对自身弱点和所获得机会的感激。尼采强烈反对人们按照唾手可得的价值观和道德观去生活。作为存在主义心理治疗师，我们应该提醒来访者必须弄清楚"怎么样"生活和"为什么"生活，从而创造出自己的生活方式，一种独具特色、非常个人化的生活"方式"。

在创造自己的生活方式的过程中，我们的来访者也许会遇到困难，因为这不是件简单或者受欢迎的事。独特的生活方式也会给他们生活中的其他人带来挑战：他们是在过自己的生活，还是生活应该有的样子？

但承受的痛苦也不是徒然的。"伟大……包括将痛苦投入到工作中"（Tanner，1996：27）。要求我们做到：不仅要抚平痛苦，还要使痛苦变得有用，甚至使痛苦变得"漂亮"。正如前面提到的，这需要一定的技巧。生活正在变成艺术，变成激情。

在工作中，我们常常听到来访者叹息他们的过错。他们充满悔意，陷入自己的不足中无法释然，不能前行。按照尼采的说法，充满激情地生活的人不会把这看成是所谓的失败。这个挑战的难处在于如何将错误上升为可以带来美好和再次创造的机会。

我们的来访者需要认识到自己的不幸和损失，因为这是生命进程中不可或缺的一部分。但如果他们将悲伤看成存在的理由，而不是生活带来的挑战，那作为心理治疗师，我们必须把握机会介入其中，告知他们没有激情的生活可能会引发的后续损失和悲伤。

第三部分　存在主义现象学治疗实践

83

团体存在主义心理治疗

存在主义现象学提出，人类的存在是基于相互关系和主体交互。其实，即使是试图从关系背景中脱离，也反映着一种持续的联系和一种对关系的态度。我们不可能完全将自己从"共同世界"中抽离出来。我们可以尝试着与其他事物保持距离，但这些事物依然会在我们的周围。

有见及此，团体心理治疗方法可以提供治疗的机会。在这样的治疗中，人们会发现自己如何为了优化一段关系的质量而付出，如何在宽阔的外部关系矩阵中影响别人和受到别人的影响。团体心理治疗可以提供更为复杂的相互关系（Spinelli，2007），这是单独治疗无法复制的，然而主体交互的因素也是所有治疗方法中都值得探索的一部分。

在团体中运用存在主义现象学方法具有几个显著的要素，科恩总结了其中最重要的几点。

① "心理治疗师不需要在'他人'之中有层级地'突显'出来"（Cohn，1997：55）。

② "团体就是团体的心理治疗师"（Cohn，1997：46）。

③ 关于恰当的叙述方法和叙述素材，没有"内部"或者"外部"之说。只要团体提及的事件或者忧虑，无论是发生在团体内部还是发生在团体成员生活的外部社会环境中，都应该得到同等的考量。

100 KEY POINTS
Existential Therapy:
100 Key Points & Techniques

第 1 点提出，团体治疗师或引导者提供的建议或观点并未被赋予任何专业性或权威性。正因为心理治疗师是团体的一员，他们有同样的权利和其他成员一起参与其中，并对他们的参与保持负责的态度。团体治疗的引导角色唯一不同之处在于他们会介绍治疗合约的可行性。

第 2 点提出，随着团体的发展，其中成员很可能成为疗法多样性的推动者。他们会成为自己所在的一段关系中经历的探索者、演绎者和参与者，这段关系可以在团体之内也可以在团体以外。

第 2 点也涵盖了第 3 点提到的原则。这意味着小组成员需要思考他们在组内的经历是否与他们在外部世界的经历有所重复、组内的经历是否有别于他们在广泛人际网络中的经历以及这些经历之间的相似性与差异性的重要意义。

科里（Corey，2009）认为团体存在主义心理治疗的目标集中体现为开阔成员自己以及周围朋友的视野，促使他们真诚地对待自己和帮助他们分辨人生的意义。科恩提出团体经历可以提供机会，帮助我们反思和回顾在把自己与世界联系起来的过程中的策略和假设："治疗……是发生在人与人之间。"（Cohn，1997：51）

84

存在主义关系疗法

自相矛盾的是，尽管存在主义哲学认为，人类存在主义的中心是关系，但到现在为止，几乎没有任何资料记载关于如何将关系运用到关系疗法的实践之中。正如德尔森和亚克维（Deurzen & Iacovou，2013：239）所说：

> 来访者对"和他人共存于世"（Heidegger，2003）提出质疑和需求，这些质疑和需求又让来访者感到困惑、理想破灭、心灰意冷，存在主义心理治疗师专门解决这类来访者的烦恼。

存在主义关系疗法（existential relationship therapy）的理论基础和个体治疗（individual therapy）的理论基础相同。的确，存在主义心理治疗师会认为所有疗法都是关系疗法——因为即使来访者是自己一个人来的，相互关系在人类存在主义上的原始本质在任何时间都有体现，既可以在心理治疗室以外讨论来访者关系，也可以在心理治疗室内积极地运用关系来进行心理治疗。

存在主义心理治疗师鼓励来访者去了解自身在每种关系中的自由、选择和责任。为了和他人建立亲密关系，我们需要避免"自欺的双重陷阱"（Deurzen & Iacovou，2013：232）——过于强调真实性（即坚信我们不能控制关系中的任何事情）和过于强调自由（即坚信我们能够控制关系中的任何事情）——真正接纳同伴的"差异性"。

列昂季耶夫（Leontiev，2013：235）在表述"他人跨越了我的边界"时指出，关系中的冲突是不可避免的。因此，存在主义心理治疗的目的不是和谐共处，而恰恰相反，是要不断接触挑战和争论，同时还希望双方最后能够相互尊重和相互理解。在相互关系中，这个目标可以通过持有共同的意义和目标来实现，偶尔也会在意义不可能统一的觉悟中实现。

存在主义关系疗法给来访者提供机会以发现"沉降信念"（sedimented beliefs）（Spinelli，2007），而沉降信念阻止来访者成长，阻止来访者和他人建立亲密关系和相互联系。这样一来，希望来访者会发现关系中新的存在方式的可能性，认识到蕴藏在这些可能性背后的潜力。

存在主义心理治疗师需要展现个人的特长、勇气和与其他人物事物的连结性，鼓励来访者也这样做。他们应该乐于挑战那些自欺的来访者，或那些试图避免陷入关系困境的来访者，同时在聆听来访者讲话时保留幽默风趣。

不是所有的来访者在心理治疗环境中都会成功。在心理治疗环境中，应对挑战的那份责任、真实性和意愿是心理治疗过程的核心。因此，很重要的一点就是，存在主义心理治疗师在早期阶段就和来访者分享工作背后的基本假设。从存在主义关系疗法中受益最大的就是那些有能力又愿意去探索和认识自己的世界观和各种价值观、信念和观点的人，这些世界观、价值观、信念和观点都是每个人身体的一部分。当然，这些技巧可以在心理治疗过程中培养。只有当"个人不停地阻止该过程，并在审视自己心态时一直持有消极态度或抵触心理时，治疗方法才会被认定为无效"（Deurzen & Iacovou，2013：238）。

100 KEY POINTS

存在主义治疗：100 个关键点与技巧

**Existential Therapy:
100 Key Points & Techniques**

Part 4

第四部分

伦理与存在
主义疗法

100 KEY POINTS
Existential Therapy:
100 Key Points & Techniques

85

与谁结盟

选择与谁合作，这是心理治疗师和来访者双方都要考虑的事。在一开始的咨询阶段就明确这样的安排十分有益：在当前这个关键节点，双方都有责任探讨该联盟关系是否可行。

即使是和提供来访者或转介来访者的公司合作，参与各方都有选择权。对于一些极个别案例，比如被某官方组织强制要求而进行心理治疗的来访者，出于道义，心理治疗师有责任向来访者确认自己是否为治疗该来访者的最佳人选。

与其他心理治疗模型不同，存在主义心理治疗师不太可能用一套"客观"的标准来评判该来访者是否适合进行治疗。除非来访者对治疗方式有自己一些符合常理的要求：存在主义心理治疗师不治疗症状，他们是与那些生活在痛苦中或面临许多问题的来访者会面（meet）。

德尔森（Deurzen,2002）指出如果来访者感觉到根据疗法的基本设想能够向前推进，来访者才能从存在主义疗法中真正有所收获。因此，思考来访者对目前治疗方式有哪些不满意的地方也许更有意义。例如，如果某位来访者希望得到移情解释（transference interpretation），心理治疗师可能会暗示来访者这跟大方向无关，不过双方随时都可商讨心理治疗师与来访者之间的关系。这样的"重构"并不是为了误导来访者，而是开始去考虑来访者的需要或期待。

如果来访者坚持要运用某种治疗模型来治疗某种特定的行为表现，比如说飞行恐惧，受伦理道德驱使的存在主义心理治疗师在这时候就会觉得向来访者明确他们

第四部分　伦理与存在主义疗法

并不提供此类治疗十分必要。心理治疗师必须清楚扼要地解释他们眼中的治疗目的是什么；不过，认真聆听来访者的需要，然后有针对性地回应他们的忧虑通常更有帮助。

与另一方会谈时，我们更为主观的视角就发挥作用了。我们也许意识到了彼此是如何回应对方的，我们如何全程"感受"完第一次的会谈，以及另一方如何暗示其对该次会谈的体验。

心理治疗师不一定要喜欢来访者，同样，来访者不一定非得喜欢该心理治疗师才能奠定其心理治疗的坚实基础。不管是来访者还是心理治疗师，对另一方持最低限度的信任已经足够让双方安全建立联系。安全可以是指任何特定情况下的任意数量的任何事情：躯体的健康当然是最基本的必要条件，不过这里提到的安全更多指的是对另一方观点的互相尊重——这里并不排除意见不一的情况，不过无论以何种形式故意威胁另一方的幸福感都是不被接受的。

成为一名"合格"的从业者并不会赋予我们超自然的力量，皆因我们不能完全理解对方的目的。人类交流中存在各种可能性，不论好坏，这些可能性无一例外都会影响人类关系。在决定进入或继续一段关系是否可行的过程中，势必会产生大量的不确定性。

86

保密、记录及与外部机构的关系

不管是官方机构还是登记注册的机构，咨询记录通常都是必不可缺的。但是，外部或内部因素会使得心理治疗师在记录时享有不同的自由度，让他们思考该记录什么、记录是否有用以及如何使用记录。同时，保护这些记录的隐秘性有着重大意义，对于组织规定更是如此。

如果要保存咨询记录，那么来访者的身份必须保密。也就是说，记录可以反馈工作的要点，以及咨询过程中在场人员的感受和观察结果，但是不可以含有泄露接受治疗者身份的具体信息。一般情况下，来访者的隐私特权不适用于心理治疗师。心理治疗师也应考虑是否要告知来访者他们有没有做记录。如果他们告知来访者自己会做笔记，那来访者可能会要求阅读心理治疗师所做记录，这样一来心理治疗师就会陷入职业规范和实践的两难境地。有些情况下，来访者的咨询记录可能会被外部使用——这样心理治疗师记录时就要做到心中有数。不管涉及的资料是否会公开发表，以上原则在记录案例时都应纳入参考范围。

要想建立信任，严格保密（confidentiality）是极其重要的。合同中必须详细阐述有关信息保密的内容，因为不管是法律条款还是道德层面，对于个人隐私都有不同定义。清晰的合同条款加上严格的信息保密，才能在心理治疗的过程中建立相互的信任。当然了，即使满足这些条件，在一些个例中还是无法建立信任，这也不足为奇。

在不得不公开来访者保密信息的情况下，心理学职业守则规定了必须让来访者

第四部分　伦理与存在主义疗法

知道原因，并且尽可能告知其信息会以何种方式公开。

当你在部分单位工作时，可能会经常考虑向外部机构获取信息。对这类常见问题，这些机构大多数都有自己的规定。如果心理治疗师有权决定是否提供信息，但最好由来访者本人提出此请求。有时是跟来访者沟通过后，双方同意公开使用信息。在这种情况下，最好是有书面记录明确表明来访者是知情并且全程参与的。类似这样的对外沟通都必须充分考虑到来访者的个人利益。

心理治疗师必须充分意识到，违反保密协定不仅将其个人置于危险境地，还会让整个心理治疗过程的安全得不到保障。因此，我们强烈建议有关信息保密方面的问题，在治疗过程中双方必须在他人监督下讨论解决。

最后必须说明的是，存在主义心理治疗通常不会在咨询会谈中使用记录，比如说为下次咨询做准备的记录。这是因为每次咨询都是全新的开始，上一次会谈的相关话题和首要问题，这次会面可能已经变得不再重要。心理治疗师可能会想要保证治疗的持续性，或是掌握对谈论话题的控制权，但这些都是次要的，来访者主导治疗的权利才是首要的。

100 KEY POINTS
Existential Therapy:
100 Key Points & Techniques

87

评估和管理风险

来访者表达出自我伤害（self-harm）的倾向，或者声称他们已经有这样的行为，这对心理治疗师来说可能是极大的挑战。

虽然心理治疗师实际上不能对这种吐露可能对他们产生的影响做好准备，但是他们可以反思自己对自我伤害的看法，以及来访者选择自杀的终极特权。心理治疗师在从事治疗工作之前就应该进行这种反思，并且根据他们的经验和发展，再结合雇佣合同和法律要求，定期反思他们的立场。

最普遍认可的伦理立场是，任何人的生命和安乐都是最重要的考虑因素，或者是个人的自主权优先于任何可能妨碍它们发挥作用的价值观。无论心理治疗师持何种立场，评估任何来访者行为策略中的内在风险，是心理治疗过程中不可或缺的一部分。考虑需要和如何进行实际干预，对心理治疗师来说是一个更为棘手的决定。必须仔细考虑以及监管这个选择带来的后果，而且一般认为将来访者纳入实践性的讨论是很好的做法。重要的是对这些可能性要有明确的契约；然而，边界和契约很难涵盖到方方面面，而且人际关系和两难处境也不完全符合规定的框架。

有一些评估自我伤害风险的典型参数，尤其适用来访者明确表示有可能自杀的案例。这些参数包括出现这种想法的频率和持续时间、计划或活动的细节、所考虑方式的实操性，以及所选方式的致命程度。在讨论任何形式的自我伤害行为时，这些考虑因素可能是有用的：看起来可能并不致命的行为，可能会产生严重的后果。

探讨来访者的价值观及其如何体现在自己的世界观里，可以得知来访者的选择

第四部分 伦理与存在主义疗法

和由此引发的行为。这些行为如何或在多大程度上符合他们的价值观，也将从这些讨论中显露出来。在自残或有自杀想法的案例中，常常发现来访者举棋不定，难以抉择。

如此探讨使得心理治疗师和来访者对于如何"控制"这种局势能够达成共识，这将取决于双方如何理解这个问题。

约翰·希顿（John Heaton）在描写自杀与绝望的那一章（Barnett, 2008）中提出，这样的状况是对"存在"的一种态度；这表明心理治疗师和来访者决定如何应对困境，与来访者对人生在世的态度息息相关。此外，人生在世总会牵扯到其他人，包括心理治疗师在内，因此，应该大大方方地考虑来访者的决定可能会对人们造成的影响。就像萨特（Sartre, 1943）所主张的那样，我们做出选择的时候，我们不仅是为自己选择，也是为其他人选择。

88

存在主义疗法的权力问题

权力并非独立于环境而存在，它总是凌驾于某物或某人之上。因为我们在存在的偶然性中苦苦挣扎，权力的动态与存在的不确定性直接相关：它可能完全不是这样的，而我们对于这种任意性的控制权力是有限的。我们可能有选择权，但我们没有权力影响我们的选择所带来的结果——这正是许多来访者都在苦于挣扎的问题。当来访者们意识到他们无法预测自身行为所带来的每一结果时，他们往往大惊失色，呆若木鸡。

权力是动态的，它兴衰起伏不定。只有在非常特定的环境中，我们才拥有控制的权力，或者说我们才会广泛地受制于他人的权力和控制。人们可能会寻求凌驾于他人之上的权力，甚至不惜对他人进行人身迫害来达成目标。然而他们永远不能使权力凌驾于他人的意志之上。

权力与自由的存在性有关。当我们的权力凌驾于他人之上或者与他人权力相对立时，我们实际上可能会阻碍他人的自由。一人会限制另一人的实际选择，例如监禁。然而，正如前文所提到的，无论在什么情况下，我们的看法才能让我们获得最大限度的个人自由。弗兰克尔（Frankl，2004）通过描述纳粹集中营的情境生动地阐释了此观点，他想到了那些赋予自身经历以意义和希望而获得力量的囚犯。

在那些场合中，当我们感到自己有能力或能够控制自身处境时，我们就更加急于维持这种状况，但矛盾的是，我们同时也感到自己最终无力去恒久稳定我们的这种控制。

第四部分 伦理与存在主义疗法

这些存在主义的考虑对治疗关系具有潜在的影响：所有在生活中可能发生的事情，在治疗中也是可能的（尽管所有事情并不是都合乎理想，如同生活一般）。

斯皮内利（Spinelli，1994）解决了心理治疗中许多与失衡和可能滥用权力有关的问题。在其他成就显耀的学者和心理治疗师的支持下，他提出权力以不同的形式，在不同的时空内，由心理治疗师和来访者共同拥有。例如，心理治疗师可以设定治疗中会谈的费用、频率和持续时间，但来访者也有权对这些收费提出异议，或违背他们曾经商定的细节。在更极端的情况下，来访者可能会对心理治疗师施以言语、情感甚至肉体上的伤害。这些相互的潜在作用可能仍是隐性的，但它们能够帮助解决那些更为明显的失衡。

就平等性而言，滥用和剥夺权力发生的可能性有所不同，但有时两者发生的可能性等同，而心理治疗师与来访者都有选择的权利。可以说，只有在非常罕见的情况下，权力是绝对的或专属于一方的。而这种情况不太可能发生在心理治疗过程中。

然而，斯皮内利（Spinelli，1994）确实建议道：心理治疗师有伦理和道德上的义务为来访者进行考虑，比如来访者对于心理治疗师和此治疗过程中被削弱权力、被剥削甚至被辱骂有何感受。斯皮内利建议，当心理治疗师试图理解和影响来访者世界观的时候，他们也必须准备好，要充分地考虑到自身有限的视野和自己依据理论假设理解的主观事实。由此，他指出，心理治疗师最有可能滥用权力的情况是：牺牲来访者自身的利益，坚持心理治疗师自己对来访者情况的理解或评估阐释。

100 KEY POINTS
Existential Therapy:
100 Key Points & Techniques

89

存在主义框架中的自我表露

心理治疗师的自我表露（self-disclosure）是心理治疗中最为常用却又最不被认可的干预手段。本文所讨论的自我表露是经过考虑后有意为之的语言交流。

任何干预手段的首要目的都是为了帮助来访者阐明他们的世界观，弄清他们的价值观和设想如何影响他们的抉择。心理治疗师思考这样的自我表露如何服务于来访者是有好处的：这样的思考能够让心理治疗师避免发表某些言论，即避免那些主要为保障自己的舒适性或权威性而发表的言论。

存在主义心理治疗并不是站在客观的立场上进行心理治疗，而是采用主体间性的立场进行治疗。心理治疗师明白自己和来访者的感知（perception）都会被解读，而且这些感知是跟当前的人际交往直接相关的，尽管这些感知也可能跟其他方面有直接联系。心理治疗师坦率地表露自己在二者关系中的体验，可能对心理治疗有效果，但应当采取试探和简练的方式去表露。心理治疗师自我表露后可以邀请来访者对此作出回应，然后毫无抵触地接受来访者的反应，因为那是来访者当时的真实想法。

上述的对话方式不仅能传递关于感知（并且可能是错误感知）的信息，还可以建立真诚的相处模式，让心理治疗师为这段关系的质量承担部分责任。

值得注意的是，诚实不等于将所有的担忧或感知全盘托出，更有效的做法是说出迫在眉睫的问题或者眼前的遭遇。此外，坦率（candour）并不意味着要牺牲心理治疗师和来访者的隐私。表露一切没有可能也没有必要，表露的内容能满足心理治疗过程的目标即可。

第四部分 伦理与存在主义疗法

铭记这些原则，心理治疗师通常能更高效地回答来访者的直接提问。心理治疗师的回答应当简明，他们可能会提出要先思考下这个问题再回答，甚至提出下次会谈再回答来访者的问题。基于隐私的考量，心理治疗师还有可能决定他们不回答该问题。这样的交流是成熟而合理的，同时暗示了来访者也拥有同样的选择权。

这样的口头交流能够探索来访者所提问题背后的忧虑，以及探索来访者对心理治疗师有目的性的自我表露的回应。也许这些交流跟来访者的家庭和社会环境中的关系有许多相似性，但却反映了心理治疗师和来访者之间的关系是真诚的、独特的。

最后，心理治疗师的自我表露应当是他们自身的感知，是能够回顾及重新解读的。心理治疗师也可以私下或借助督导来反思自己从这些交互中获取的体验。毕竟，如果心理治疗师在咨询室中接待的来访者，如果就是他们在特定日期的特定房间里所接待的那个来访者（Cohn，1997），那么每次的心理治疗都有可能为本次（及其他的）心理治疗带来新的立场或姿态（stance）。

90

存在主义督导技巧

存在主义督导技巧反映了存在主义视角适用于普罗大众，与其说这是一种心理学应用技能，不如说这是人的存在之道。德尔森和扬（Deurzen & Young，2009）表示存在主义督导与传统督导完全不同（后者注重于提高被督导者的知识基础或识别来访者的内在心理过程）。存在主义督导认为："我们在工作中形成想法并评价他人的烦恼，在这个过程中我们的所思所为都映射出个人的价值观、信仰以及对生活的看法。"（Deurzen & Young，2009：10）

存在主义督导与存在主义治疗具有紧密一致的目的，都是为了探索来访者的世界观。两者的区别是鉴于心理治疗师的世界观可能会影响治疗过程和医患关系，因此有必要将其纳入考虑范围。

大多数督导工作都是围绕着心理治疗师和来访者之间的认同和分歧展开的：心理治疗师如何理解来访者的处境？以及这一理解过程是如何受到心理治疗师自身偏见的影响？此次讨论有助于分辨出什么阻碍了心理治疗师领会来访者的困境，也有助于从对话记录中辨认出表明来访者确实感觉到被理解的证据。

人们希望心理治疗师和督导者能从来访者所遇困境中识别出存在主义问题，以及来访者如何受到这些问题的影响。同理，如果通过督导检验出临床心理治疗师如何处理这些相关问题，以及他们如何因来访者的痛苦而受影响，将有助于治疗。对督导者和心理治疗师来说，这将是一个检验心理治疗师对治疗过程和医患关系所做贡献的机会，也是一个阐明他们对每名特定来访者所持希望和期待的机会。

第四部分 伦理与存在主义疗法

此外，心理治疗师对待督导者的态度可以表明他们治疗来访者的能力。比如，如果被督导者产生攻击性且避而不谈他们工作的依据，那么督导者可能会怀疑这位临床心理治疗师对治疗的用意和目的。相反，如果被督导者乐于从其他角度思考他们的干预措施和介入手段的治疗效果，则无论是来访者还是督导者，都会倾向于认为他们在工作中不会陷入教条主义或不懂变通。

督导不应沉溺于判定"对"或"错"；事实上，借助这个机会，可以反思如何借助交流和医患关系质量来厘清来访者的世界观。当心理治疗师感觉他们对来访者的病情无能为力或者其用意受到干扰时，督导可以帮助临床心理治疗师和来访者把精力集中于治疗的初心，同时还能帮助心理治疗师在未来更好地处理相同的情况。

介入治疗总是"漏洞百出"，这足以证明所有关系都难免受到误解、冲撞和无意伤害，这种事情无法避免。但我们也从中认识到其实这些错误很少是致命的，相反，错误可能成为加深相互理解的机会和培育谦逊心态的土壤。

91

治疗关系结束后的生活

所有的关系都会以这样或那样的方式结束，治疗关系也不例外。治疗既可能是在有计划的情况下适时结束，也可能是因为不可预见的发展或极端情况而突然终止。

治疗工作的结束通常能促使人们对这次治疗进行评估，看它对来访者和治疗师的生活产生了怎样的影响。由于人们倾向于根据当前的理解对过去的经验进行解释，因此对治疗工作和治疗关系的评估方式可能也会随着时间的推移而发生变化。

在治疗师开始一段治疗关系之前，他们通常都会对最后的结果抱有某种期待，其中既包括对他们自己的期待，也包括对来访者的期待。我们所有人都面临着诸如自由与责任、时间性与有限性、关联性与不确定性的挑战，然而对于那些代表了来访者利益的存在主义治疗师来说，如果他们无法以欣赏的眼光来面对这些挑战的话，那么就必须在更大的程度上对这些挑战进行理解和忍耐。此外，我们在应对这些挑战的时候还会产生各种各样的情感，例如喜悦、痛苦、悲伤、满足和焦虑。我们希望这些情绪体验能够被视为价值观的指示器，而我们的世界观也正是由这些价值观组合而成的，探索和认识我们的世界观以及它如何影响我们的选择是治疗方案的一个公认目标（对于治疗师和来访者都适用）。即使是许多常被认为是"病态"的难题，也可以通过分析其世界观中最基础的假设和观点来理解。

我们希望来访者在脱离治疗关系时能够领悟到哲学问题的本质：每一个问题都没有一成不变的答案，我们要在不断探索的过程中得到更好的结论。存在主义治疗师通常持一种朴素态度，认为人的认识总是有限的，而无限的发现和改变存在于未

第四部分 伦理与存在主义疗法

知之中。就像亚当斯 (Adams，2013) 所说的，许多来访者并不知道如何怎样才能让治疗关系有一个好的结束，存在主义疗法不应该给来访者一个固定的结论，而是应该引导来访者去自我探索，从而让来访者能够在未来的生活中找到最适合他们自身的最终答案。

在治疗结束后的生活中，治疗师和来访者都会意识到一点：就像所有的关系都会因为其接触方式的不同而千差万别一样，每一个治疗关系也都是独一无二的。即使双方同意再次进行专业的会谈，之前独特的连结也会随着时间、地点和情境的变化而消失。所有的关系都只有到结束的那一刻才算完整，治疗关系也不例外。

100 KEY POINTS

存在主义治疗：100 个关键点与技巧

Existential Therapy:
100 Key Points & Techniques

Part 5

第五部分

存在主义
治疗流派及
其他流派

92

辩证地看待存在主义心理疗法

站在一个哲学而非心理学或医学的角度来看，存在主义心理疗法不追求一个确切的答案：生活中的问题并不都是可解的，许多问题在给人带来困扰的同时也会带来满足。来访者往往很难接受这一观点，他们通常希望能够消除他们的痛苦和不适。

这对存在主义治疗师来说也是一种尴尬的立场，因为大多数治疗师都希望能帮助来访者免受痛苦的折磨。然而，治疗师们也清楚地意识到所谓的对来访者的"治愈"，其实很大程度上削弱了来访者对自身问题的洞察力，同时也剥夺了来访者凝聚勇气为生活而战的机会。

此外，由于存在主义心理疗法是一个哲学课题，所以它更倾向于追求主观的"真理"，而不是科学的"客观"真理，因此不太容易对这种方法进行定量分析。通常存在主义治疗师将他们的工作方式描述为一种"道"而不是"术"，存在主义是一种对待生活中万事万物的态度，而不是只关注治疗工作本身。如果要在这种抽象的态度中去寻找针对某一具体技术的量化指标，那无异于缘木求鱼。

众所周知，存在主义哲学及其疗法关注的是生活中的阴暗面，诸如死亡、痛苦和内疚等。莱斯利·法伯在他的著作《意志的道路论文集》（*The Ways of the Will and Other Essays*）（Leslie Farber, 2000）中批判了"死亡学家"的病态视角，认为对死亡、濒死和痛苦这些主题的执着，是人们从活在当下到追求圆满的一种转变。这种批判是有一定道理的：人类存在本身带来的认识和思考应该是非常广阔的，如果只关注某些主题本身而不考虑与其相关的其他因素的话，就会使我们对人类存在

第五部分 存在主义治疗流派及其他流派

的认识变得十分狭隘。

期望对存在主义疗法进行定量分析的人忽略了这样一个事实，那就是我们无法在不牵连他其他问题的情况下单独关注某一个具体方面。对生活中某一领域进行探索必然会牵连到其他的领域，这种紧密的关联使得我们几乎不可能只聚焦于某一个问题本身。

生命是如此的神秘，以至于我们无法从人类存在的哲学、科学或心理学的角度来圆满地对其进行定义：它始于复杂的人性，存于混乱的世界，自在发展，永无定数。这种不确定也不稳定的存在很难与那些以确定和稳定为标准的解决方法或治愈方法相匹配。

哲学思辨是存在主义哲学及其心理疗法的核心，其目的是澄清那些对我们来说具有重大意义的问题：我们的生命本身就像是一场实验，在实验的过程中产生了所谓的答案，而这些答案也只能代表某一个阶段的观点，随着我们对实验进行不断的回顾反思以及校正，答案也随之不断变化。接受这样的观点可能会让我们在面对生活无常时感到焦虑，但也正是在这种情况下我们的创造力、信心以及勇气才会得到彰显。

93

对心理治疗领域中占主导地位的科学范式的批判

一个依托于哲学原理的心理疗法很难与科学范式保持一致。

科学自有其存在价值：当一个人需要进行外科手术时，他肯定希望是一个临床医生而不是哲学家（或心理治疗师）来给他主刀。然而，当需要为一种体验或感知赋予意义时，科学解释所要求的整体性和规范性则会让人非常恼火。这两种路径存在着很大程度上的差异：哲学倾向于从主观或主体间的角度去理解事物，这意味着客观事实或知识在其中发挥的作用是有限的，而科学视角则更倾向于去解释事物，以期得到一些确定的、"客观的"和"中立的"结论。

那在这样一个需要处理人类痛苦和不幸的领域中，科学方法又是怎么流行开的呢？

帕特里克·布拉肯(Patrick Bracken, 2002)在他的著作《创伤、文化、意义与哲学》（*Trauma，Culture，Meaning and Philosophy*）中，将西方文化中的科学倾向追溯至笛卡尔的主张。他认为是笛卡尔提出灵魂是一种会思考的东西——将人类的灵魂作为一种客观事物来看待。之后，笛卡尔的思想又与启蒙运动一道，为基于经验主义、自然主义和实证主义的人类学的发展铺平了道路。

但我们可能会问自己这样一个问题：这种客观化的观点为什么会有这么大的吸引力？

一般来说，在科学范式中任何事物都是可以测量的。这种"通晓一切"的感觉会让人感到很安心：如果所有的事物最终都能被定义，那么就不会再有意料之外的

第五部分　存在主义治疗流派及其他流派

情况发生，人类受到威胁的可能性也会降低。

人类痛苦和不安的根源是"不知道"：不知道什么是最"正确"的决定；不知道他人的真面目；不知道哪天会大祸临头；即使我们竭尽全力去维持一种安稳的生活，我们也不知道能否经得住那些未知的挑战。

经验主义和自然主义都承认因果论——自然科学在这种方法论的基础上取得了很大的成功。从存在主义的角度来看，这种能够对人类生存的偶然性事件进行预测的力量是很有吸引力的。然而，将科学方法作为探索人类方方面面的基础是有代价的：如果我们人类是机械的，可以被定义、分析和预测的，那我们所谓的能动性就没有任何意义。塔利斯在他的书《模仿人类》（*Aping Mankind*）（Tallis，2011：51）中警告说：如果我们认可那些他称之为"达尔文流派"或"神经狂躁病"的当代科学研究范式，那么"我们将不得不放弃人类生来自由的观念，同时，我们的个人责任……我们的命运，都形同草木，早有定数"。

如果人类的存在真如那些理论描述的那样机械、苍白，那么（包括神学、哲学和心理治疗在内的）所有人文主义实践的有效性以及需求都将变得毫无意义。

94

存在主义疗法及有效性的研究

存在主义疗法并不适用于测量，也很难标准化或程式化——它不是简单地施加在来访者身上，而是更强调来访者的体验。正因为如此，大多数关于存在主义疗法的研究都是定性的而不是定量的，更关注理解来访者或治疗师的生命体验。这些研究和指导原则的相关论述存在已久（例如，Manen, 1997; Smith, 2011）；近年来，基于现象学 – 存在主义原则的特定方法在心理学领域也不断涌现，包括解释性现象学分析（Tnterpretative phenomenological analysis）（Smith, 2009）和描述现象学（descriptive phenomenology）（Giorgi, 1985）。

在心理治疗研究中，关于随机对照试验（RCT）的使用存在着大量争论。RCT 通常被视为是研究方法的"黄金准则"。大多数存在主义治疗师 / 研究人员会质疑，标准化任何治疗方法（所有基于 RCT 研究的前提）是否可取，他们认为，RCT 背后的理论存在一些根本性缺陷。首先，从根本上讲，随机对照试验的范式将人类行为极度简化为一个个的假设、变量和结果，加以界定并进行定量测量。其次，基于随机对照试验范式的研究需保证客观性和独立性，而存在主义哲学强调人的在世存在性，人无法脱离这个世界，因此做的任何研究，都必然会受到我们的价值观、信念和信仰的影响。我们可以搁置，但不能完全脱离这些世界观。在研究中承认这一点比宣称能客观描述现实更重要。最后，心理治疗中的随机对照试验假定，与症状相关的特定结果，原本就是衡量治疗过程有效性最重要的方法。而存在主义治疗师则认为"症状"是一种在世存在的正常方式，不把减少或根除症状作为治疗的关键目标。

第五部分 存在主义治疗流派及其他流派

除了上述问题，存在主义治疗师和所有治疗师一样，面临越来越大的压力。他们要以卫生服务部门和其他资助机构能够理解的方式，来证明工作是有效的。因此，治疗师会倾向于采用多种方式来评估存在主义疗法的结果，如来访者的幸福感水平、对积极生活的感知能力等。存在主义治疗师一直以来在和一种研究取向展开争论，这一取向试图将独特、综合和动态的体验割裂开来，而存在主义理论一直希望将这种体验传达给不了解这些价值观和假设的人。然而，大多数人会接受存在主义疗法同所有形式的疗法一样，在某种程度上应该是"研究知情"的。另外，存在主义治疗绝不能以"纯研究为导向"，其必须与哲学、治疗师和来访者双方的世界观、价值观、治疗理论、治疗师的经验，以及治疗师和来访者的共同体验结合起来，再决定应该如何开展治疗。

95

共同的起源、多样化的道路

在指导存在主义治疗实践的许多哲学思想上，有很多共识。同时，这些思想侧重点和由此导致的治疗风格也存有分歧。

约翰·麦夸里（John Macquarrie，1972）在其关于存在主义哲学的著作中指出，由于这些哲学思想并没有一个集中点，因此很难去系统精确地定义存在主义思想。然而，这种系统论，正是哲学拥护者们所忽略的：人的主体性而非客观性，这是存在主义哲学的源泉；每个人在世存在的方式都是独特的，并不总与泛理性主义或实证主义保持一致。

同样，存在主义心理治疗师会形成一种用来解释人的核心体系。但每个治疗师都是用自己的方式应对独特的情况，与每位来访者的关系做出回应。事实上，每一次治疗都是如此。

库珀在他的综合性著作《存在主义疗法》（*Existential philosophy*）(Cooper, 2003) 中，回顾了存在主义实践的主流观点，并阐述了它们之间共性的维度。他将这些维度称为"实践困境"。在书中，他就这些维度和公认的方法进行了比较，包括个性化／普遍性、即时性／非即时性、精神性／物质性。这些都属于一个连续体的范围，因此可以将治疗师的工作风格和方法量化，以便确定其可能处在什么位置。

为了描述存在主义现象学实践的核心哲学原理，斯皮内利 (Spinelli，2003) 从存在主义的普遍视角出发，提出了三个原则，并为大多数人所接受：关系性、不确定性和存在焦虑。他接着又引用哲学较深入地阐述了这些原则。然而，斯皮内利

第五部分 存在主义治疗流派及其他流派

(Spinelli，2003：10) 指出："存在主义心理治疗表现形式的数量，就如同投身其中的人一样多。"

在哲学渊源上，存在主义治疗师之间似乎有着一些共性，但在实践风格上却大有不同。这些趋同和分歧反映了上文所讨论的哲学原则：作为人类，我们都有共同的关注点，同时，由于我们每个人对世界都有独特的看法，所以每个人又都有处理这些关注点的独特方式。

尽管在什么是"存在主义"上，持续的讨论和争辩不断，但鉴于其有着广泛的哲学思想来源，最终达成一个明确的模式是不太可能的。

96

英国存在主义治疗学派

在英国，许多治疗师和思想家对存在主义疗法的发展做出了重大贡献，只是在国外没有获得高声望。代表人物有尤金·简德林（Eugene Gendlin）、格雷格·麦迪逊（Greg Madison）、蒂姆·利本（Tim Lebon）（哲学咨询方向）、西蒙·杜·洛克（Simon Du Plock）（致力于毒瘾方向）、弗雷迪和艾利森·斯特拉瑟（Freddie & Alison Strasser）（限时存在主义疗法）以及莱恩（R.D. Laing）等人。他们对精神病学治疗精神疾病的公认原则提出了质疑。在对存在主义和存在主义－现象学心理治疗的新范式产生重大影响的学者或著作中，英国学派有其易辨认的独特风格，比如德尔森（Emmy Van Deurzen）、斯皮内利（Ernesto Spinelli）和科恩（Hans Cohn）等人（Cooper，2003）。

英国存在主义发展的历史始于伦敦摄政学院（Regent's College，现为摄政大学）。1982年，德尔森创立并发展了该校的心理治疗和咨询学院。斯皮内利于1989年加盟；同年，科恩也加入了学院。在随后几十年里，三人发表和出版了大量论文和著作，他们的贡献在世界各地都得到了广泛认可。

虽然这些学者有不同的背景，包括哲学、心理学和精神分析等，他们在基本的存在主义概念上有着共同认识：都认为不存在"真实的"或本质的自我；他们不关注内在心理机制，而把生命看作出发点。他们认为，生活中的许多问题都是我们如何面对既定存在的产物。在哲学观方面也有一些类同：德尔森的哲学来源广泛，但也特别认可克尔凯郭尔、保罗·萨特、梅洛·庞蒂、尼采、海德格尔的贡献；斯皮内利更多地以现象学思想为基础，既有古典的，也有当代的［尽管科恩

第五部分 存在主义治疗流派及其他流派

指出，所有的存在主义心理疗法都有现象学的维度（Cohn，1997：16），但也承认德尔森引用广泛存在主义哲学原理的重要性]。科恩以其对海德格尔著作的学术欣赏而闻名。

这些学者和治疗师的分歧在他们的实践方法中更为明显：德尔森比其他人更偏理论性；斯皮内利强调问询时的合作；科恩偏好即时性和即兴对话，这反映了他的立场，即存在主义治疗是一种哲学态度，而非治疗的一种范式。

英国存在主义学派继续发展壮大，其影响日益广泛，并且在全世界存在主义思想和心理治疗领域中得到肯定。

97

欧洲存在主义治疗学派

此在分析（Dasein-analysis）和意义疗法是欧洲存在主义疗法的两大主导模型。两者都是在 20 世纪发展出来的产物，并且都包含了一些早期方法（特别是那些起源于弗洛伊德的方法）的理论根源和实践基础，但却大有改进。

意义疗法作为一种方法，强调人类即使在最具挑战性的环境中也具有发现生命意义的能力。"Logos"这个词起源于希腊，并被翻译成"意义"或"概念"（Deurzen, 1997）。

尽管意义疗法的创始人弗兰克尔（Frankl）的文章对哲学思想家没有什么意义，但他主张人们对事件和事实的态度是自由的，人类是寻求意义的实体，这不禁让人联想到存在主义著作中的许多主题。

此外，弗兰克尔主张我们要建立一个人生目标、一种志向或道德抱负，以此吸引我们走向未来。这一概念也与萨特（Sartre）关于投射和价值的观点类似。

弗兰克尔是大屠杀的幸存者。据说他的基本理论形成于此段经历之前，而他和其他人所遭受的痛苦和折磨，以及他们从这些磨炼中得到的意义，都验证了他之前的观点（Cooper, 2003）。

弗兰克尔的书面作品是非常通俗易懂的，没有哲学和精神治疗书籍中经常出现的晦涩术语。他结合了一些已被治疗师所通用的技术，尤其是"矛盾意向法"——鼓励"病人"夸大或者加剧他们试图避免的东西。通过这种方式，他们可以认识到造成困扰的焦虑是如何产生的，从而避免进一步的焦虑。

第五部分 存在主义治疗流派及其他流派

一般而言，来访者和治疗师之间的互动方式或多或少都带有指令性，但在更多的当代实践中已被逐渐修正。

此在分析主要基于马丁·海德格尔（Martin Heidegger）的作品。这个术语起源于海德格尔的开创性著作，他把人类定义为"此在"（Dasein）或者"在此"（being-there），或者更确切地说是"存在于此"（the there of being）(Cohn, 1997)。宾斯万格（Binswanger）强调了一种基于埃德蒙·哈维尔(Edmund Husserl)原理的与众不同的现象学方法，其中提到了他自己、梅达尔德·博斯（Medard Boss）和海德格尔之间思维和实践的差异。

瑞士精神分析师梅达尔德·博斯与海德格尔建立了友谊(1947 — 2000)，并在阐明哲学家后续作品与心理疗法的关系方面发挥了重要作用。他也把他的方法称为"此在分析"，但由于在一定程度上受到海德格尔的直接影响，他的作品风格更符合哲学家的原则。

这两种工作方式的倡导者在治疗方面有着共同的目标：帮助来访者理解个体如何存在于世界上，以及他们在生活的方方面面封闭自我或开放自我的方式。治疗师促进了这样一种探索——使来访者能够更清楚地了解他们如何参与自己的存在，以及他们如何剥夺或行使自由。这些问题既考虑到过去经验，也考虑了生理疾病或症状。鉴于这些态度和问题，心理的异常状态被视为是可能性的损失或障碍，症状则表现为对存在事实的否认和无效回应。

98

北美存在主义治疗学派

美国的存在主义观点与英国和欧盟国家的存在主义哲学和心理疗法之间有积极的相互作用。

罗洛·梅（Rollo May）和他的同事詹姆斯·布根塔尔（James Bugental）、欧文·亚隆（Irvin Yalom）和科克·施奈德（Kirk Schneider）都深受哲学家、神学家保罗·蒂利克（Paul Tillich）的研究的影响（Cooper,2003）。这些人物发展和主张了被称为存在主义或人本主义的方法，该方法是当前北美心理学和心理治疗领域的一部分。

与亚伯拉罕·马斯洛（Abraham Maslow）和卡尔·罗杰斯（Carl Rogers）等相关的人本主义理论家的立场一样，他们都赞同许多生命的问题都源于存在主义文献中公认的存在方面的焦虑：有限性、死亡、责任、无意义、自由和关系。为了否认或逃避对这些因素的充分认识，个体可能会建立防御系统，避免自己高度认可个别或所有因素可能带来的影响。这些防御机制会抑制个体潜能的发展，也会减少致力于自我实现的与生俱来的生命力。

这一主张旨在阐明欧盟和英国学派的思想和实践与美国学派之间有一些本质上的区别——后者特别强调了在许多美国文化中都有所反映的个体主义（反对生命的相关性特征），而且与人类天生具有积极发展和成长的潜能这一观点密切相关。

关于这一重点，罗洛·梅（May，1969：79）就治疗中获得的"洞察力"的本质写道：

第五部分　存在主义治疗流派及其他流派

可视的、内视的、看见世界和关乎个人的问题的可能性。

来访者被鼓励去向内寻找他们痛苦的根源：他们只是被再次鼓励去思考他们在世的处境以及帮助自我定位的方式，是如何与生活中的困难交织在一起的。

在这一原则中，美国学派的立场与萨特截然相反：在美国人看来，本质先于存在。这一观点更深层的含义是，它完全不赞同"人类在选择中创造自我"这一信念。

此外，美国的观点与强调内在精神动力和机制的心理动力学模型有很密切的关系，并且将涉及无意识的过程和投射与移情的形式。就这一点而言，不同于英国和欧盟学派的是，他们尊重将人视为统一整体的观念，并且有成为前景或背景的可能。

与个体主义和精神内层的方法相一致，人本主义的存在主义治疗师提出，每个人身上都存在一个"真实"的自我，一个需要实现、自我实现和认可的实体。这种观点再次反驳了这样一种哲学概念，即我们发现自己与他人和世界处于恒定且变化的互动之中。

由贝蒂·坎农 (Betty Cannon) 创立的思想学派是这一领域中的异类。坎农是世界上最杰出的萨特派学者之一，也是萨特派翻译家、学者黑兹尔·É·巴恩斯（Hazel E.Barnes）的校友和朋友。坎农提倡以萨特的作品为基础的"经验性心理动力学"方法。她的开创性著作，《萨特与心理分析：存在主义对临床元理论的挑战》（*Sartre and psychoanalysis:An Existentialist Challenge to Clinical Metatheory*）（Sartre，1991），基于对萨特作品的深入解读，阐述了一种心理疗法，在实践中称为 AEP（Applied Existential Psychotherapy），即应用存在主义心理疗法。

99

存在主义和其他治疗取向

支撑大多数治疗取向的理论是建立在对人类现状的某种哲学理解之上的。这些哲学提出了许多相同的问题：什么决定了行为？情绪体验的本质是什么？认知过程的作用是什么？知识是什么？在做选择时，我们有多大程度的自由（如果有的话）？真理是什么？一个人如何生活和爱？

如何考虑或回答这些问题，将会告诉治疗师应该如何倾听来访者的故事，以及如何回应来访者的困境。如果治疗师能真正地将自己与所用观点相结合，那么就应该达到知行合一：关乎人类现状的哲学在所有情况下应该都有普适性。

如果这些理论所表现出来的哲学观点不能从根本上相兼容，那么就不可能存在一种理论和实践相结合的折中立场。例如，那些本质是心理动力学或认知行为学的范式。在任何情况下，我们采用的任何范式都需要考虑其基本主张，以确保治疗师所采用的特定方法不会受到自相矛盾的假设的阻碍。

存在主义心理治疗是一种独特的、内聚的方法，尽管它的应用表现出各种各样的形式。这在很大程度上是因为存在主义是一种态度：它是一种有生命力的哲学，而不是一种应用模型。因此，治疗师将对人类现状达成共识，并且正因为这些认识与来访者息息相关，所以治疗师致力于探索来访者的过往经验。

虽然这种取向可能与其他模型有共同之处，但存在主义治疗师会更关注关系的"存在"质量，而不是技能的应用。这不仅仅是一种相关分析，更是一种交互现象。因此，情境和关系的好坏是由其中的所有参与者以及整个世界环境共同构成的。

第五部分　存在主义治疗流派及其他流派

存在主义治疗师的目标不是解决方案或治疗，而是理解：希望治疗师和来访者双方，对来访者的世界观有更深层次的而非有止境的认可。

或许最重要的是，存在主义治疗师认为未来才是当下最令人担忧的方面：尽管我们会受到过去的影响，其影响方式因人而异，但我们不是由过去决定的；相反，我们的愿望和抱负指引我们走向未来，走向结束我们存在的终点。

最后，存在主义哲学将人视为自由主体，尽管这种自由总是与环境相关：选择和行为往往是这种自由的产物，而不是无意识的驱力或动机。同样，情绪包含了丰富的信息，是一个人价值观的指示器，是支撑世界观的假设：情绪不是历史情境的结果，也永远不会被视为"非理性的"或"不恰当的"。

存在主义态度作为一种独特的生活和治疗方案的态度，被原封不动地流传了下来。

100

存在主义的普适性

很少有（如果有的话）哪些心理疗法模型或者是心理学流派能像存在主义的理论和实践一样，宣称对任何时代的任何文化都具有普遍的适用性。存在主义在处理诸如时间性、生与死、不确定性、痛苦与满足、关系和自由等每一个社会和时代所关心的问题时，它的原则是所有道德精神建设的核心。

在描述存在主义哲学的一个基本方面时，麦夸里（Macquarrie）将这种哲学描述为一种理性思考的方式，他说："它发轫于人性而非自然，它是主体的哲学而不是客体的哲学。"这一观点说明了对于如何生活这一问题的思考始于每一个独特的个体，这些独立的个体同样会基于自身存在的独特性对这一问题做出回答，而不是单纯的设问。

然而，由于每个人都是一个更大整体的一部分，因此他们对生活的关注总是会对大环境产生影响。个人和他们所属的群体是密不可分的，没有谁能遗世独立。

弗里德曼在他的《西方哲学阅读选集》（*Anthology of readings in Western Philosophy*）中将存在主义哲学视为一种倾向和心境，而不是一种系统化的思维准则。为了强调这一原则，他宣称存在主义首先是基于"存在"（Friedman, 1992：6）。也就是说，理论化的抽象概念可能有其使用价值，但思考如何生活的出发点却是个体怎样在他们自身存在过程中践行他们的诉求和价值观，这些都存在于不断扩张的大背景中。

存在主义心理疗法既关注存在的一般性，也关注基于一般性的个体独特性，其

第五部分　存在主义治疗流派及其他流派

目的是为了阐明那些被关注个体的世界观。

作为一种态度、倾向或心境，存在主义角度可以很好地解释我们对行为、选择、所处环境的自由、对未来的渴望、对自我的理解以及人际关系的条件的探索。这些都是所有治疗范式的核心问题。

当需要做出改变时，从存在主义的角度可以非常有效地分析当前处境的意义和价值，从而明白如何通过改变来扬长避短：采取这种方法，我们可以清楚地知道是什么理由让我们维持现状，这是做出一个艰难改变的必要前提。正如人们常说的，治疗过程的目的是为了改变——尽管它可能只是态度的改变，而不是行为的改变。

不同探索的实际操作方法可能各有不同，这体现在治疗师所采取的独特的技术和策略上。渴望明了存在的根本意义是所有人类的共性，因此这些探索会对我们如何理解这个世界并且更好地存在于这个世界产生深远的影响。

参考文献

Adams, M. (2013) *Existential counselling*. London, Sage.

Barnett, L. (2008) *When death enters the therapeutic space: existential perspectives in psychotherapy and counselling*. Oxford, Routledge.

Barnett, L. (2009) *When death enters the therapeutic space*. London, Routledge.

Barrett, W. (1962/1990) *Irrational man*. New York, Anchor Books.

Becker, E. (1973) *The denial of death*. New York, Free Press Paperbacks.

Binswanger, L. (1963) *Being in the world: selected papers of Ludwig Binswanger*. New York, Basic Books.

Blackham, H.J. (1952/1978) *Six existential thinkers*. London, Routledge and Kegan Paul Ltd.

Boss, M. (1963) *Psychoanalysis and Daseinanalysis*. New York, Basic Books.

Boss, M. (1979) *Existential foundations of medicine and psychology*. New York, Jason Aronson.

Bracken, P. (2002) *Trauma, culture, meaning and philosophy*. London and Philadelphia, Whurr.

Buber, M. (2013) *I and thou*. London, Bloomsbury Academic.

Bugental, J. (1978) *Psychotherapy and process*. Reading, MA, Addison-Wesley.

Bugental, J.F.T. (1987) *The art of the psychotherapist: how to develop the skills that take psychotherapy beyond science*. New York, Norton.

Bugental, J.F.T. (1992) *The art of the psychotherapist: how to develop the skills that take psychotherapy beyond science*. New York, W.W. Norton & Company.

Camus, A. (1942) *Myth of Sisyphus* (J. O'Brien, 1955, trans). London, Penguin.

Camus, A. (1955/2000) *The myth of Sisyphus*. London, Penguin Books.

Cannon, B. (1991) *Sartre and psychoanalysis: an existential challenge to clinical metatheory*. Lawrence, KN, University Press of Kansas.

Cohn, H.W. (1997) *Existential thought and therapeutic practice: an introduction to existential psychotherapy*. London, Sage.

Cohn, H.W. (2002) *Heidegger and the roots of existential therapy*. London, Continuum.

Cooper, D. (1967) *Psychiatry and anti-psychiatry*. London, Tavistock.

Cooper, M. (2003) *Existential therapies*. London, Sage.

Cooper, M. (2012) *The existential counselling primer*. Ross-on-Wye, PCCS Books.

Corey, G. (2009) *Theory and practice of counselling and psychotherapy*. Belmont, CA, Brooks/Cole, Cengage.

Crowell, S. (2010) Existentialism. *Stanford Encyclopedia of Philosophy*. Available at: http://plato.stanford.edu/entries/existentialism (accessed 5 July 2013).

De Beauvoir, S. (1948) *The ethics of ambiguity*. Trans B. Frechtman. London, Citadel Books.

Deurzen, van, E. (1997) *Everyday mysteries: Existential dimensions of psychotherapy*. Oxford, Routledge.

Deurzen, van. E. (1998) *Paradox and passion in psychotherapy*. Chichester, Wiley.

Deurzen, van, E. (2002) *Existential psychotherapy in practice*. London, Sage.

Deurzen, van, E. (2007) 'Existential therapy' in W. Dryden, *Handbook of individual therapy*. London, Sage

Deurzen, van, E. (2008) *Psychotherapy and the quest for happiness*. London, Sage.

Deurzen, van, E. (2012) *Existential psychotherapy and counselling in practice*. London, Sage.

Deurzen, van, E., & Adams, M. (2010) *Skills in existential counselling and psychotherapy*. London, Sage.

Deurzen, van, E., & Arnold-Baker, C. (2005) *Existential perspectives on human issues*. Hampshire, Palgrave Macmillan.

Deurzen, van, E., & Iacovou, S. (2013) (eds) *Existential perspectives on relationship therapy*. Basingstoke, Palgrave Macmillan.

Deurzen, van. E., & Kenward, R. (2005) *Dictionary of existential psychotherapy and counselling*. London, Sage.

Deurzen, van, E., & Young, S. (2009) *Existential perspectives on supervision: Widening the horizon of psychotherapy and counselling*. London, Palgrave Macmillan.

Deurzen-Smith, van, E. (1995) *Existential therapy*. London, Society for Existential Analysis.

Du Plock, S. (2005) An existential-phenomenological critique of philosophical counselling. *Existential Analysis* 16 (1): 249–258.

Du Plock, S. (2013) Therapy with couples presenting with issues of addiction, in E. van Deurzen & S. Iacovou (eds), *Existential perspectives on relationship therapy*. London, Sage.

Evans, R.I. (1981) *Dialogue with R.D. Laing*. New York, Praeger.

Farber, L. (2000) *The ways of the will: selected essays*. New York, Basic Books.

Fingarette, H. (1998) *Heavy drinking, the myth of alcoholism as a disease*. Berkeley, CA, University of California Press.

Finlay, L. (2011) *Phenomenology for therapists*. Chichester, John Wiley & Sons.

Foucault, M. (1971) *Madness and civilisation*. London, Routledge.

Frankl, V. (1980) *Man's search for meaning*. New York, Simon and Schuster.

Frankl, V. (2004) *Man's search for meaning*. Reading, Rider.

Freud, S. (2013) *The unconscious*. New York, Tree of Knowledge.

Friedman, M. (1992) *The worlds of existentialism: a critical reader*. Atlantic Highlands, NJ, Humanities Press International.

Giorgi, A. (ed.) (1985) *Phenomenology and psychological research*. Pittsburgh, Duquesne University Press.

Goffman, E. (1961) *Asylums: essay on the social situation of mental patients and other inmates*. New York, Anchor Books.

Gordon, P. & Mayo, R. (2004) *Between psychotherapy and philosophy*. London, Whurr.

Griffiths, C., Norton, L., Wagstaff, G., et al. (2002). Existential concerns in late stage cancer. *European Journal of Oncology Nursing*, 6: 243–246.

Guigon, C.B. (2002) Existentialism, in *Routledge Encyclopedia of Philosophy*. Available at: www.rep.routledge.com (accessed 7 July 14).

Heaton, J. (2009) Reflections on suicide and despair, in L. Barnett (ed.) *When death enters the therapeutic space*. Hove, Routledge.

Heidegger, M. (1927) *Being and time*. (J. MacQuarrie and E. Robinson trans). London, Harper and Row, 1962.

Heidegger, M. (1947/2000) *Letters on humanism*. Edinburgh, Edinburgh University Press.

Heidegger, M. (1962) *Being and time*. (J. MacQuarrie and E. Robinson trans). Oxford, Blackwell.

Heidegger, M. (1978) *Being and time*. Chichester, Wiley Blackwell.

Heidegger, M. (2003) *Plato's sophist*. Bloomington, IN, Indiana University Press.

Husserl, E. (1931) *Cartesian meditations*. Trans. D. Cairns (1960). Dordrecht, Kluwer.

Husserl, E. (1936) *Die Krisis der europaischen Wissenschaften und die transzendentale phanomenologie: Eine Einleitung in die phanomenologiische philosophie.* Belgrade, Philosophia 1 .

Husserl, E. (2001 [1900/1901]). *Logical investigations.* Edited by Dermot Moran. 2nd ed. 2 vols. London, Routledge.

Iacovou, S. (2011) What is the difference between existential and so called neurotic anxiety? *Journal of Existential Analysis,* 22 (2): 356–367.

Jaspers, K. (1986) *Karl Jaspers: basic philosophical writings.* Trans. E. Ehrlich, L.H. Ehrlich & G.B. Pepper. Atlantic Highlands, NJ, Humanities Press International.

Jastrow Jr, M., & Clay, A.T. (2010) *The epic of Gilgamesh.* Los Angeles, CA, IndoEuropean Publishing Ltd.

Kaufman, W. A., & Nietzsche, F. (1974) *Philosopher, psychologist, antichrist.* Princeton, NJ, Princeton University Press.

Kierkegaard, S. (1844) *Philosophical fragments* (H.V. Hong and H.E. Hong trans. 1962). Princeton, NJ, Princeton University Press.

Kierkegaard, S. (1849/1980) *The sickness unto death* (H.V. Hong and H.E. Hong trans. 1980). Princeton, NJ, Princeton University Press.

Kierkagaard, S. (1944) *The concept of dread.* Trans. W. Lowrie. Princeton, NJ, Princeton University Press.

Kubler-Ross, E. (1969) *On death and dying.* New York, Scribner.

Laing, R.D. (1960) *The divided self: an existential study in sanity and madness.* Harmondsworth, Penguin.

Laing, R.D. (1961) *The self and others.* London, Tavistock Publications.

Laing, R.D. (1967) *The politics of experience and the bird of paradise.* Harmondsworth, Penguin.

Laing, R.D. (1969) *Self and others.* London, Penguin.

Laing, R.D. and Cooper, D.G. (1964) *Reason and violence: a decade of Sartre's philosophy.* 2nd ed. London: Tavistock Publications Ltd.

Lee, V. & Loiselle, C.G. (2012) The salience of existential concerns across the cancer control continuum. *Palliative and Supportive Care* 10 (2): 1–10.

Leontiev, D. (2013) The challenge of others: relationships, meaning and dialogue, in E. van Deurzen & S. Iacovou (eds) *Existential perspectives on relationship therapy: a guide for practice.* Basingstoke, Palgrave MacMillan.

Lester, S. (1999) *An introduction to phenomenological research.* Taunton, Stan Lester Developments. Available at: www.sld. demon.co.uk/resmethy.pdf (accessed 30 April 2014).

Macquarrie, J. (1972) *Existentialism.* Harmondsworth, Penguin.

Manen, van, M. (1997) *Researching lived experience: human science for an action sensitive pedagogy.* Winnipeg, Hignall Book Printing.

Marcel, G. (1949) *Being and having.* Trans. K. Farrer. London, Dacre Press.

May, R. (1969) *Existential psychology.* New York, McGraw-Hill.

May, R., Angel, E. & Ellenberger, H.F. (1958) *Existence.* New York, Jason Aronson.

Merleau-Ponty, M. (1962) *The phenomenology of perception.* Trans. C. Smith. London, Routledge.

Montaigne, M. de (1958) *Essays.* Trans. J.M. Cohen. London, Penguin Books.

Nietzsche, F. (1967) *Thus spake Zarathustra.* Trans. T. Common. London, Allen and Unwin.

Polt, R. (1999) *Heidegger, an introduction.* London, UCL Press.

Rank, O. (1929/1978) *Truth and reality.* London, Norton.

Rees, W.D. (1971) The hallucinations of widow-hood. *British Medical Journal*, 4, 37–41.

Rothschild, B. (2000) *The body remembers: the psychophysiology of trauma and trauma treatment.* New York, Norton Professional.

Sartre, J.P. (1943) *Being and nothingness: An essay on phenomenological ontology.* (H.E. Barnes, trans 1958). London, Meuthen.

Sartre, J.P. (1944) *No exit.* New York, Vintage Books.

Sartre, J.P. (1948/1973) *Existentialism and humanism.* Trans. P. Mairet. London, Methuen Publishing.

Sartre, J.P. (1955) *No exit and three other plays.* New York, Knof Doubleday.

Sartre, J.P. (1991) *The transcendence of the ego: a theory of consciousness.* London, Hill & Wang.

Savery, D. (2013) The challenges of meaningless and absurdity addressed through myth and role play, in E. Deurzen & S. Iacovou (eds) *Existential perspectives on relationship therapy.* London, Sage.

Schneider, K. (1999) *The paradoxical self: towards an understanding of our contradictory nature.* New York, Humanity Books.

Seamon, D. (2000) A way of seeing people and place: phenomenology in environment–behavior research, in S. Wapner, J. Demick, T. Yamamoto & H. Minami (eds) *Theoretical perspectives in environment–behavior research.* New York, Plenum Press.

Shakespeare, W. (2012) *As you like it.* London, Create Space Individuality Publishing Platform.

Smith, D.B. (2007) *Muses, madmen and prophets: rethinking the history, science and meaning of auditory hallucinations*. London, Penguin Books.

Smith, J.A. (2011) Evaluating the contribution of interpretative phenomenological analysis. *Health Psychology Review*, 5, 9–27.

Smith, J.A., Flowers, P. & Larkin, M. (2009) *Interpretative phenomenological analysis*. London, Sage.

Smith-Pickard, P. (2009) The experience of working with patients with a short prognosis, in L. Barnett (ed.) *When death enters the therapeutic space*. Hove, Routledge.

Spinelli, E. (1989) *The interpreted world: An introduction to phenomenological psychology*. London, Sage.

Spinelli, E. (1994) *Demystifying therapy*. London, Constable.

Spinelli, E. (2003) *Existential therapies*. London, Sage.

Spinelli, E. (2005) *The interpreted world*. London, Sage.

Spinelli, E. (2006) *Tales on the unknowing: therapeutic encounters from an existential perspective*. Ross-on-Wye, PCCS Books.

Spinelli, E. (2007) *Practising existential therapy: the relational world*. London, Sage.

Stolorow, R.D. (2007) *Trauma and human existence*. New York, Analytic Press.

Strasser, F., & Randolph, P. (2004) *Mediation: a psychological insight into conflict resolution*. London, Bloomsbury.

Strasser, F., & Strasser, A. (1997) *Existential time limited therapy*. London, John Wiley & Sons.

Suri, R. (2010) Hearing voices: what can we learn from them. *Psychosis*, 2 (2): 178–180.

Szasz, T. (1960) The myth of mental illness. *American Psychologist* 15 (2): 113–118.

Tallis, R. (2011) *Aping mankind*. Durham, Acumen Publishing.

Tanner, M. (1994) *Nietzsche*. Oxford, Oxford University Press.

Tantam, D. (2002) *Psychotherapy and counselling in practice: a narrative framework*. Cambridge, Cambridge University Press.

Tillich, P. (1952/1980) *The courage to be*. New Haven, CT and London, Yale University Press.

Tillich, P. (2000) *The courage to be*. New Haven, CT, Yale University Press.

Toledo, R.D. (2011) Existentialism and Latin America, in F. Joseph, J. Reynolds & A. Woodward (eds) *The Continuum companion to existentialism*. London, Continuum International Publishing Group.

Wahl, B. (2003) Working with 'existence tension' as a basis for existential practice. *Existential Analysis* 14 (2): 265–278.

Warnock, M. (1970) *Existentialism*. Oxford, Oxford University Press.

Wong, T.P. (2013) *The human quest for meaning: theories, research and applications*. New York, Routledge.

Yalom, I. (1980) *Existential psychotherapy*. New York, Basic Books.

Yalom, I. (2006) *The gift of therapy: reflections on being a therapist*. London, Piatkus.

Yalom, I. (2011) *Staring at the sun: overcoming the dread of death*. London, Piatkus.

专业名词英中文对照表

A

| Amid | 间性 |
| Authenticity | 本真性 |

B

Bad faith	自欺
Being-in-itself	自在存在
being-for-itself	自为存在
Being-in-the-world	在世存在
Being-in-the-world-with-others	
	和他人共存于世
Being-with-others	与他人同在

C

| contingency | 或然性 |

D

| Daseinsanalysis | 此在分析 |

E

Embodiment	具身化
Epoche	悬置
Existence	存在
Existential anxiety	存在焦虑
Existential guilt	存在内疚
Existential isolation	存在性隔离
Existential relationship therapy	
	存在主义关系疗法

F

Facticity	事实性
Figure/ground	主体 / 背景
Finitude	有限性

H

Horizontalisation	水平化

I

Inauthenticity	非本真性
Individuality	个体性
individual therapy	个体治疗
Intentionality	意向性
Interpersonal isolation	人际隔离
Inter-subjectivity	主体间性
limit-situations	有限境遇

L

Logotherapy	意义治疗或意义疗法

M

Metaphor	隐喻

N

Neurotic anxiety	神经性焦虑

O

Ontic	存在者的
Ontological	存在论的

P

Phenomenology	现象学
present others	现在的他者

S

Sedimented beliefs	沉积的信念
self-concept	自我概念
self-construct	自我建构
Self-disclosure	自我表露
Sexual identity	性别认同
Subjectivity	主体性

T

Temporality	时间性
Throwness	被抛性

存在主义治疗：100 个关键点与技巧 **译后记**

写译后记，是翻译书稿工作中的最后一项。先从翻译工作中一件小事说起，在翻译作者卡伦的简历的时候，遇到了一个生僻的英文职业名词，中文没有我们熟悉的、对应的名称。因此，我请教了美国的精神科专家张道龙博士和中国台湾师范大学的许维素教授，他们告诉我这个职业叫做"私人执业认证调解员"，并解释了这个工作具体是做什么的。这个小小的故事让我们更加深切地意识到，每个人所生存的世界，看似在同一个多维的空间，但其实我们的生命经验，我们每个人对于死亡、孤独、责任和自由的理解，以及如何看待世界、如何看待自己是如此的纷繁复杂不尽相同。

所以在本书的前言部分，作者说生活没有法则，因此心理治疗实践的过程当中也没有法则。那这本书的意义是帮助你去质疑你所知道的东西，去探索你想成为的样子，如果这些都失败了，就去推开那扇在微风中不断摇曳的门。作者看似如此的悲伤，但是态度又是如此的积极，那么《存在主义治疗：100 个关键点与技巧》，它要向读者传递的核心又是什么呢？

从根本上讲，存在主义关心的就是作为人类存在究竟意味着什么。理解人类的存在只能通过详细检验我们对于存在的体验，以及人类所面对的普遍问题的理解，包括自由、责任、意义、孤独、死亡和焦虑。简而言之，存在主义是关于作为人的存在的探索。存在主义治疗是关于探索每一个来访者在其复杂环境中作为人的体验。也许读者会特别关注存在主义治疗和其他流派最大的不同在什么地方？书中有一个有趣的例子，当一个来访者抱怨我们没有足够的时间来完成所有的事情，存在主义治疗是从来不会教给来访者时间管理技术，相反他会邀请来访者解释面对时间有限的事实，他会作何反应以及这些反应对他而言是否有帮助。

在翻译和校阅这本书的时候，让我印象尤其深刻的是作者把存在主义纷繁复杂的哲学与理论以简洁清晰的方式呈现给读者，更可贵的是在每一个理论背后，作者提出了存在主义治疗师在这个理论框架和背景下，从哪个角度介入以及如何与来访者一起工作，这一点对于一些对复杂艰涩理论心存忌惮的咨询师来说尤其宝贵。存在主义治疗师对来访者说："欢迎来到真实的世界！"所以，来访者经常在他们感到无法选择的情况下接受治疗，有些情况确实是别无选择，比如说绝症、失恋，我们遇到这些真实情况，只有采取一种态度，即把意义赋予这些具体的事物，我们才能行使判断力。所以对存在主义治疗师来说，他不是去推断哪种选择或决定更好，相反，他们必须通过注意到什么是他们无法避免的选择来支持来访者。这给来访者提供了机会，以讨论既定选择或所期望的变化中的焦虑，这不是缓解不适的承诺而是可以使来访者的奋斗变得有意义。根据来访者最重视的意图与愿景，在生活中进行有创造力的努力。

存在主义心理治疗不追求一个确切的答案，生活中的问题并不都是可解的，许多问题在给人们带来困扰的同时也会带来满足。治疗师们清楚地意识到所谓对来访者的"治愈"，其实很大程度上削弱了来访者对自身问题的洞察力，同时也剥夺了来访者凝聚勇气为生活而战的机会。通常，存在主义治疗师将他们的工作方式描述为一种"道"，而不是"术"。存在主义是一种对待生活中万事万物的态度而不只关注治疗工作本身。生命是如此神秘，它始于复杂的人性，存在于混乱的世界，自在发展，永无定数。哲学思辨是存在主义哲学及其心理疗法的核心，其目的是澄清那些对我们来说具有重大意义的议题。不确定性，让我们在面对生活无常时感到焦虑，也正是在这种情况下我们的创造力、信心以及勇气才会得到彰显。

译后记写到此刻，想到了我现在正在咨询的一位来访者，她是一位非常成功的职业女性，这一次健康体检中意外得知自己罹患乳腺癌。她的人生一直被非常好地规划、设计、掌控和安排，但这一次疾病的来临彻底动摇了她的世界观和价值观。在疾病和死亡面前她极度焦虑，手足无措，惶恐不安，充满了愤怒。面对这样的一位困难的来访者，存在主义治疗说：死亡焦虑没有治疗方法。咨询师所要做的是我们如何与这些没有真正经历过，但会预料的事件共存。咨询师没有必要让来访者体验到死亡和随即而来的极大的焦虑。任何陈词滥调或者虚假的共情，都不能够减少来访者的痛苦，反而剥夺了来访者对这些情境做出更真诚、更真实反应的可能性。死亡焦虑的入侵帮助来访者升华了日常生活中微小的细节，让自己的存在变得更为深刻动人，而这之前他们都无法深刻感受。亚隆说："虽然肉体的死亡能摧毁一个人，但是关于死亡的认知能够将他挽救。"

感谢本书的译者团队，她们是于丹妮、王梦瑜、贾茹。存在主义哲学的浩瀚夜空中，哲学家们和他们的理论如同璀璨群星浩瀚且瑰丽。每一位译者为了能够准确和优美的译文翻阅学习了大量的哲学著作，对于一些模棱两可的单词与语句他们殚精竭虑、精益求精。感谢我的研究生范明磊、司晴、李凯参与本书翻译的部分工作。感谢这本书的读者，你们一定对于生命存在的本质意义充满了好奇，对于如何高效助人充满了激情。

赵然

2019.10.10